VOYAGE

DU

CARDINAL D'ARAGON

en Allemagne, Hollande, Belgique, France et Italie

(1517-1518)

Copyright by Perrin et Cⁱᵉ, 1913.

DON ANTONIO DE BEATIS

VOYAGE

DU

CARDINAL D'ARAGON

en Allemagne, Hollande, Belgique, France et Italie

(1517-1518)

TRADUIT DE L'ITALIEN

d'après un manuscrit du seizième siècle

AVEC UNE INTRODUCTION ET DES NOTES PAR

Madeleine HAVARD DE LA MONTAGNE

Préface de HENRY COCHIN

PARIS

LIBRAIRIE ACADÉMIQUE

PERRIN ET Cⁱᵉ, LIBRAIRES-ÉDITEURS

35, QUAI DES GRANDS-AUGUSTINS, 35

1913

A.Monsieur *TEODOR de WYZEWA*

ce livre est dédié

M. H. M.

PRÉFACE

Pour nous donner une image vivante et réelle de la France dans les siècles passés, rien ne vaut les notes des voyageurs, fussent-elles sèches et naïves, et à mesure peut-être au contraire qu'elles sont sans préten-tion. Il n'y a en somme que les voyageurs pour remarquer le détail des mœurs, par la différence de celles de leur pays. Les natio-naux n'en parlent que dans un but de satire ou par passion. Ils n'ont aucune raison de remarquer et de consigner sur leurs tablettes tous les menus aspects de la vie qu'ils mè-nent tous les jours.

On a bien raison de publier et de traduire les voyages du passé, car rien n'est plus ins-tructif pour la connaissance de la civilisation d'autrefois. Gaston Paris, parlant un jour

d'un de ces voyages [1], a dit ces mots qui
pourraient servir d'épigraphe : « Je vou-
drais qu'on fît une bibliothèque de toutes les
appréciations des étrangers sur nous. On
pourrait en extraire le suc dans un petit
volume qui serait le *vade-mecum* des Français qui pensent. Ce serait un miroir de
poche. »

En nous donnant une excellente, précise
et élégante traduction du voyage en France
d'Antonio de Beatis, Mme Robert Havard de
la Montagne a ajouté un important volume
à la bibliothèque que souhaitait Gaston Pâris.
Il était convaincu d'ailleurs que, parmi les
voyageurs qui ont décrit la France, « les
Italiens sont les plus clairvoyants et les
meilleurs », les plus nombreux aussi, et les
plus bienveillants. Les notes des Allemands
sont généralement toutes théoriques et dé-
nuées d'intérêt. L'Anglais, toujours exi-
geant, présente l'image de ce voyageur éter-
nellement mécontent, dont Sterne fera au

1. *Journal des Débats*, 28 août 1891, article sur le voyageur
italien Malaspina (qui visita la France en 1786). Le voyage
de Malaspina étant édité par Alessandro d'Ancona, Gaston
Pâris en profita pour louer l'illustre savant italien de sa
récente édition critique du voyage de Montaigne en Italie.

dix-huitième siècle une caricature restée fameuse.

L'Italien le plus souvent est un excellent observateur des mœurs et décrit pour lui-même, pour se souvenir, sans passion et sans préjugé. Gaston Pàris vante le journal si précieux de cet abbé Rucellai[1], qui se trouva à Paris, à la suite de son ambassadeur, pour les funérailles de Marie de Médicis et pour la mort de Louis XIII. Il aurait voulu que l'on rééditât les lettres parisiennes du cavalier Marin sur le règne d'Henri IV. Depuis le jour où il écrivait, on a publié, et j'aime à le rappeler, le voyage si gai et si pittoresque de Sébastien Locatelli sur le règne de Louis XIV[2].

Il y en a bien d'autres. Des voyages, dit Pastor, on en trouve à la douzaine dans les bibliothèques d'Italie. Mais ceux qu'on trouve, datent surtout du dix-septième siècle; car le rayonnement de gloire de la France sous le Grand Roi attirait des visiteurs en foule. Il est infiniment plus rare d'en rencontrer

---

1. *Diario dell' Abbate,* G.-F. RUCELLAI, publié par Temple Leader et Marcotti, Firenze, 1884.

2. Publié par Ad. Vautier, 1905. Locatelli était en France en 1664 et 1665.

qui datent du seizième siècle, et surtout des premières années du siècle. Celui qui est ici offert pour la première fois au lecteur français présente un précieux tableau de l'Europe, et en particulier de la France à l'entrée de la Renaissance. On comprend que le cœur du grand historien Pastor ait tressailli de joie, quand il a mis la main sur un pareil document, en 1893, à la Bibliothèque de Naples.

Pastor poursuit depuis de longues années, sous l'autorité du Saint-Siège, une immense histoire de la papauté à partir du quinzième siècle, avec une admirable et libre sincérité et une documentation unique au monde. Autour de cette œuvre monumentale et centrale, il bâtit chemin faisant, avec une activité qui surprend, une foule de constructions accessoires qui appuient, complètent, entourent la principale. Nous entrons ici dans une de ses demeures annexes de science et d'érudition. Nous y trouverons de quoi nous intéresser profondément. C'est un ensemble rare d'images variées, amusantes, parfois tout à fait imprévues. Nous allons parcourir le Tyrol, l'Allemagne du sud et de l'ouest, la Belgique, une partie de la Hollande, la France presque entière et l'Italie du Nord. Nous allons sans façon rendre visite à François Ier et à Charles-Quint.

Ce qui charmerait Pastor, ce serait d'être tout à fait sûr que le voyage d'Antonio de Beatis et de son maître le cardinal d'Aragon fut un simple voyage de plaisance, de curiosité, d'instruction. Rien en somme n'est plus rare, dans les temps passés, que de rencontrer des gens qui voyagent, comme nous disons, pour voyager. Car les voyageurs dont nous parlions tout à l'heure étaient des diplomates; d'autres sont des marchands; tous, semble-t-il, voyagent pour des affaires; parmi leurs affaires, le voyage n'est pas la principale.

En cherchant dans la mémoire des hommes, des voyageurs de pure curiosité, l'antiquité nous donne peut-être Hérodote (et encore !), et les siècles suivants, si j'en crois Gaston Pàris, n'ont guère que Fortunat, Brunetto Latini, Machiavel. Ce dernier touche à la

Renaissance, et pour tout dire, sommes-nous bien certains de ce qui concerne aucun d'entre eux? On cite encore volontiers parmi les purs voyageurs, au moyen âge, Pétrarque. C'est pour celui-ci que j'ai le plus de doutes! De ses voyages, où le poussaient, dit-on, sa curiosité et son humeur vagabonde, les uns étaient faits pour le compte de ses patrons Colonna, les autres pour des missions politiques. Car pendant longtemps les missions diplomatiques étaient secrètes. De là la confusion : on pensait que les gens voyageaient pour leur plaisir, quand au fond ils dissimulaient les causes de leurs voyages.

Pastor me semble être dans le vrai quand il assure qu'un vrai voyage d'agrément n'était possible qu'au seizième siècle et par un Italien. C'est en 1500 que l'on en constate un tout d'abord, peut-être le premier, quand le cardinal Jean de Médicis part faire son grand tour. Il n'avait pas d'autre dessein que de voir le monde, *visurus mundum,* dit Bürckhardt. Or, ce cardinal était le futur Léon X. Il n'est pas très surprenant qu'à sa cour aient germé des projets semblables au sien.

Et c'est peut-être simplement pour « voir le monde », qu'en 1517 le cardinal Louis d'Aragon partit pour faire son tour d'Europe en compagnie de son attentif secrétaire Antonio de Beatis. Je sais bien qu'on eut, à l'époque, sur le motif du voyage quelques doutes. Les ambassadeurs vénitiens marquent à leur gouvernement que l'on se demande si le cardinal n'a pas quitté Rome malgré le pape. Mais n'y avait-il pas toujours quelque chose à soupçonner dans l'obscure et ténébreuse politique qui se tenait à Rome à cette heure-là ?

On a remarqué que le cardinal d'Aragon était à Ferrare en 1517, et qu'il en partit pour son grand voyage, sans être retourné à Rome prendre congé du Saint-Père. Il est vrai que les d'Este étaient ses parents et qu'il se plaisait grandement à leur cour lettrée de Ferrare. Il les avait déjà visités sans encombre ; et, malgré certains froids qui persistaient encore, Léon X ne les regardait plus, ainsi qu'avait fait Jules II, comme des ennemis et des excommuniés. Ils avaient bien sans doute encore des tendances françaises ; mais le pape les avait repris en grâce. Je n'en

veux pour preuve que la visite qu'avait faite à
Rome en 1514, dans sa délicieuse maturité,
l'aimable Isabelle d'Este, les fêtes qu'on lui
avait données, le carnaval joyeux et fou qu'elle
y avait passé [1].

Le cardinal d'Aragon, d'ailleurs, avait été
loyal envers le Saint-Siège, même dans les
années les plus belliqueuses de Jules II, alors
que le duc de Ferrare était excommunié. Il
suivit le pape Jules dans la guerre de Bologne, et fut si fort dans sa faveur qu'en 1512
le pape eut un instant la velléité de faire du
cardinal un roi de Naples. A plus forte raison
eut-il la faveur de Léon X. Il était un des
plus jeunes cardinaux, et prenait part joyeu-
sement aux courses, aux exercices actifs
auxquels le pape aimait fort à se livrer. On
le voit suivre le pape dans ses chasses favo-
rites, à Corneto, à la Magliana, et c'est lui le
plus souvent qui organisait les cavalcades
et les battues. En 1518 quand il revient, après
son grand voyage et une absence d'un an,
on le voit retrouver les mêmes faveurs et
reprendre sa place dans les plaisirs champê-

1. Voir la suite des études de M. Luzio dans l'*Archivio
storico Lombardo*.

tres auxquels Léon X tenait tant, et par goût, et par soin de sa santé.

Aussi peut-on, je pense, écarter les soupçons des ambassadeurs vénitiens. Il leur a suffi pour les concevoir que le départ du cardinal d'Aragon ait coïncidé avec la conspiration du cardinal Petrucci contre Léon X. Mais cela ne suffit pas.

On en croira donc le secrétaire, Antonio de Beatis, et on admettra que Louis d'Aragon avait quitté Ferrare et fait son tour d'Europe « pour rien, pour le plaisir ». En fait il ne voyageait pour aucune ambassade ou mission, ou but public connu. On ne nous défend pas de croire qu'il eut quelque motif caché. De Beatis en convient presque : « La raison principale du voyage de mon illustrissime et révérendissime seigneur, dit-il, était de faire la connaissance du Roi Charles, et de lui rendre visite. » Ce roi Charles, ne l'oublions pas, c'est ce soleil levant, que voilent encore les brumes des Pays-Bas, et que demain un merveilleux héritage va faire maître de ces

États sur lesquels, dira-t-on, le soleil ne se couchait pas. C'est le roi d'Espagne aujourd'hui. Demain c'est l'empereur Charles-Quint.

Or nous savons que Louis d'Aragon était un jeune prince très brillant, doué peut-être de quelque vertu, « le meilleur, dit Pastor, des jeunes cardinaux », — et ardemment attaché aux intérêts de sa race. Or, sans que je veuille rappeler, même sommairement, l'histoire des guerres d'Italie, depuis le legs difficile et disputé du roi René d'Anjou, je prie seulement qu'on se rappelle ceci : les grandes secousses, les arrangements, les traités, les ligues, les expéditions aventureuses, les victoires, les défaites, ont laissé du moins une grande victime, la malheureuse Maison des Aragon de Naples. On sait par quel coup d'astuce et de fortune Ferdinand le Catholique avait pris Naples à son cousin d'Aragon.

Le cardinal Louis d'Aragon avait joui de la puissance de sa famille au temps de sa splendeur, alors que le roi de Naples avait toutes les faveurs du Saint-Siège, son allié contre l'invasion française. C'est en ce temps-

là que le pape Alexandre VI avait fait Louis
d'Aragon cardinal. Puis, quand sa Maison
fut tombée dans la ruine et l'exil, il s'attacha
à la servir, à la défendre, à obtenir du moins
une situation tolérable. C'était là le dessein
de certains voyages et de longs séjours en
Espagne. Pour quelque dessein semblable
probablement, nous le voyons en 1518 aller
chercher le roi d'Espagne, l'empereur de
demain, à l'autre bout de l'Europe.

Mais cela n'empêchait pas qu'il profitât
de l'occasion, en prolongeant le voyage, pour
voir du pays et se remplir les yeux d'images,
et l'esprit d'observations.

Ce n'est donc pas le premier venu que le
prélat dont le voyage nous est raconté.
C'est un des premiers personnages de la
cour pontificale, un prince de sang royal,
petit-fils de rois de Naples, parent de rois
d'Espagne, neveu de la reine de Hongrie,
descendant de cette Maison d'Aragon d'où
sortent, durant le moyen âge, tant d'habiles
politiques, et, à la Renaissance, des types

si magnifiques de l'humanisme couronné.

Et de quelle cour sort-il ? De ce centre de luxe, de lettres, d'art, de joie, de puissance, de gloire, la Rome de Léon X, l'Italie des Médicis. Quelles cours visite-t-il ? Les plus somptueuses de la riche Allemagne, des gras Pays-Bas, de l'élégante France de la Renaissance, de Maximilien, de Charles, de François Ier. Or donc je pense qu'il faudra au lecteur quelque effort pour reconnaître cela sous l'extrême simplicité de mœurs, d'habitudes, de langage, que nous représente le récit qu'on va lire.

Les récits que nous avons de ce temps ne nous offrent pas toujours une image aussi sincère. Ils nous font assister à tels jours de fête, de somptuosité et de libéralité. Un voyage se limite nécessairement au spectacle plus sobre d'une vie quotidienne. Nous en tirerons, je pense, quelque conséquence : tout ce luxe, cette dissipation, ces cortèges, ces tables surabondantes de viandes et de gâteaux, ces spectacles, ces bacchanales, ont pour contre-partie une simplicité assez primitive, quelque chose de naïf, et on dirait presque d'enfantin. Vous trouvez là, certes,

une foule d'artistes, de lettrés, d'hommes
d'esprit, de voluptueux, de raffinés, revenus,
en de certains jours, aux élégances savantes
et orgiaques de l'Athènes de Périclès ou de
la Rome des Césars. Mais, si nous regardons
de près, nous arrivons à trouver que notre
époque moderne est singulièrement plus
habile et plus exercée dans l'organisation des
plaisirs et d'un luxe confortable. Les amuse-
ments d'une cour italienne du seizième siècle,
pour splendides à l'œil et retentissants à
l'oreille qu'ils pussent être, sembleraient
bien peu compliqués sans doute aux grands
jouisseurs de nos jours.

On est souvent étonné en lisant les récits
des grandes chasses romaines, par exemple.
C'étaient, à vrai dire, plaisirs bien rustiques
et très primitifs. Ces chiens, ces chevaux,
cette foule d'animaux pourchassés, ces cors.
ces cris, cette campagne en mouvement, et
ce plaisir puéril de manier l'épieu contre les
cerfs qui se débattaient dans les filets ! —
C'est à ce spectacle qu'a assisté tant de fois
le cardinal d'Aragon, et l'une des rares lettres
que nous possédions d'Antonio de Beatis, son
secrétaire, en est justement un récit. Il écrit

à la cour d'Este, pour donner des nouvelles
de Rome, et il est heureux de dire que Sa
Sainteté le pape est en très bonne santé, car
il l'a vu, ardent à la chasse, mettre ses lu-
nettes sur son nez, pour ne pas manquer le
gibier qu'il visait de son javelot.

Avec la même précision et la même naïveté
nous allons voir de Beatis, en voyage, noter
les détails de chaque journée. De ce digne
annaliste du cardinal, nous ne savons pas
grand'chose, mais nous devinons aisément
la figure. C'est le type connu et assez agréable, en somme, des secrétaires (*a secretis*),
bons serviteurs, hommes de confiance, que
l'on voit à cette époque autour des princes et
surtout des prélats de la cour romaine : gens
aimables, obligeants, dévoués à leurs maîtres, habitués d'ailleurs à s'effacer et à laisser
la première place, mais familiers et admis à
la plus complète intimité. Quelques-uns des
meilleurs exemplaires de cette classe intéres-
sante, nous les trouvons autour de cette par-

faite cour de Ferrare [1], le modèle sans doute
des cours princières de cette séduisante
époque.

Antonio de Beatis n'est pas tout à fait au
premier rang de ces secrétaires confidents,
parce qu'il n'est pas très lettré. Il me semble
un bon théologien, et on s'en aperçoit en le
voyant sur sa route rechercher les souvenirs
des Duns Scott, des Albert le Grand, princes
de la philosophie scolastique. Il est très attentif aux choses d'art, et comment ne l'eût-il
pas été au sortir de la Rome de Raphaël et
des délicieuses villes italiennes dans la fleur
de leur parure d'art? Il a l'œil en éveil, sur le
monument de Maximilien à Innsprück, sur
les tapisseries de Raphaël à Bruxelles, à
Gand sur le fameux tableau des Van Eyck,
à Gaillon sur le château du cardinal d'Amboise, à Nantes sur l'œuvre admirable de
Michel Colomb. Il regarde et regarde bien
les monuments, et surtout les églises. On ne
sait pas très bien pourquoi Notre-Dame de

1. Sans cesse, en écrivant ces lignes, mon souvenir se
reporte aux délicieuses et savantes études de MM Luzio,
Renier, Cian, qui nous ont donné de si parfaits tableaux
de Ferrare, Mantoue, Urbin, et par occasion, Milan, Rome
et tant d'autres lieux.

Paris ne lui dit rien, — et à ce moment-là il était de mauvaise humeur envers la France. Mais il s'extasie sur la cathédrale de Strasbourg, et il nous prouve qu'en ce temps-là, les hommes de la Renaissance n'avaient pas encore pris la mode de mépriser l'art du moyen âge.

Un des centres de son récit est sa visite au grand Léonard de Vinci en sa retraite d'Amboise.

Malgré donc ces grands goûts d'art, il a peu de lettres ; il écrit d'un style médiocre, assez terne, sans talent. Son observation n'en est peut-être que plus nette et plus sincère. Certes, il ne fait pas de phrases. Suivez-le pas à pas, vous le trouverez bon observateur, attentif, curieux, toujours assez naïf. Tandis qu'il raconte, on a plaisir à suivre son esprit et à le juger moralement. Car, n'en doutez pas, ce n'est pas lui seul qu'il représente, c'est son révérendissime maître. C'est pour lui qu'il tient la plume : il est un bon secrétaire.

On sera donc à même de constater de près le contraste dont je parlais tout à l'heure. Le cardinal et son secrétaire sortent-ils du car-

naval romain, des fêtes, des représentations
païennes? Sans doute et sur quelques points
on retrouvera bien quelque trace de ces
grandes frivolités. Mais soyez sûr qu'il y a
des compartiments dans les cerveaux des
hommes de ce temps, et, comme on dit, des
cloisons étanches. Le cardinal est fidèle
à ses devoirs religieux ; il prend grand soin
de réciter son bréviaire sans faute, et il
semble bien qu'il dise sa messe toutes les
fois qu'il le peut. Chemin faisant, de Beatis
recueille avec grand soin les légendes pieuses,
le souvenir des dévotions locales, et vénère
les saintes reliques.

D'ailleurs, son observation est pleine de
bonhomie, et il s'arrête, pour s'en étonner, à
toutes les nouveautés de la route. Il ne manque pas de noter les curiosités de la nature
ou de la science, comme des animaux em-
paillés plus ou moins prodigieux, lièvres à
cornes et autres. Les horloges, quand il en
voit, avec le jeu compliqué des sonneries et
des carillons, le comblent d'aise. Si quelqu'un lui raconte des histoires, si surtout
elles ont quelque étrangeté, il les recueille
avec grand soin. Il rencontre, certain jour, en

Bretagne, un comte de Laval, qui me semble avoir abusé un peu de la crédulité des voyageurs ; il leur fait croire, entre autres choses, qu'il a dans son comté un bois où on ne voit jamais une seule mouche, — et encore qu'il a vu sur les épaves au bord de la mer des oiseaux qui poussent naturellement comme des champignons, et sont adhérents par le bec.

Comme beaucoup de voyageurs, le secrétaire du cardinal attache une très grande importance à la nourriture et au breuvage. On remarque qu'en arrivant dans une maison les voyageurs ont soin d'y visiter les cuisines. Le vin les occupe beaucoup aussi. En Allemagne, ils boivent des vins parfumés. Ils trouvent d'ailleurs du vin dans toutes les auberges jusqu'au fond de la Flandre et des Pays-Bas. Notre amour-propre n'est pas très flatté en apprenant que le vin qu'ils préfèrent à tous est celui des coteaux de Paris.

Pour la nourriture, ils se méfient un peu, surtout en Flandre. En bons méridionaux, ils réprouvent l'abus du beurre et du laitage. Cela gâte les dents, et l'on dit que cela favorise la contagion de la lèpre. La cuisine allemande leur plaît davantage. Le veau est excellent; et puis l'écot n'est pas cher. Mais en somme, pour la cuisine. le premier prix reste à la France : potages, pâtés, gâteaux, tout est à souhait. On fait des ragoûts, comme nulle part au monde. Les voyageurs laisseraient volontiers « toute la chère la plus délicate pour une épaule de mouton avec des petits oignons, comme on l'accommode en France ».

N'étaient-ce pas des gens de peu de luxe? Vous les verrez aussi se pâmer d'aise sur les beaux lits de plume, les vastes lits d'Allemagne, et les beaux troupeaux d'oisons qui en fournissent le moelleux duvet.

Par toutes ces remarques de détail, les voyageurs font ressortir surtout la différence et le contraste qu'offrent les pays qu'ils traversent avec leur propre pays. Dans ce moment de paix profonde où ils trouvent l'Europe en 1517, avant les désastreuses guerres que la suite du siècle va développer, ils voient la Suisse, l'Allemagne, la Flandre dans un

état magnifique de richesse et de prospérité ;
et avec une grande sincérité, le narrateur
note la différence profonde qui règne entre
ces magnifiques régions et l'Italie en grande
partie pauvre et récemment ravagée par les
guerres. Il admire les belles villes, plantu-
reuses et prospères, les églises bien tenues
et non dégradées comme en Italie, pleines
d'un peuple pieux et de tenue grave, avec de
beaux offices, chants, orgues, musique digne
et solennelle ; l'Italie n'avait qu'à envier. Il
prend plaisir aux riches maisons, surtout
dans les villes de Flandre, et partout aux
larges auberges, copieuses et attrayantes,
où coulent la bière et le vin, où vont et
viennent, pleines de santé et bien accortes, les
belles bourgeoises, qu'il ne se lasse pas
d'admirer.

Un détail est plaisant de ses premières
observations au delà des Alpes : le voyageur ne trouve ni puces ni punaises : eh !
quoi, il n'y a pas de vermine ? Il en cherche
la raison. Elle n'était autre que la propreté
sans doute. Le confort est chose qui lui est
étrangère, et le surprend très grandement.
A Augsbourg, dans le palais des Fugger,

les plus grands banquiers du monde, il constate une installation si nouvelle pour lui
qu'il n'en revient pas : il y a de l'eau dans
les appartements à tous les étages !

Aussi l'on profite de ce passage dans des
pays de luxe pour se fournir de quelques
denrées somptueuses et les rapporter avec
soi. A Nuremberg sont les plus belles fourrures qu'on puisse voir. Ailleurs se font les
meilleurs instruments de musique : le cardinal fait ses commandes de fifres et de
flûtes.

*
* *

Les voyageurs de tous les temps ont toujours une arrière-pensée de blâme pour le
pays qu'ils visitent, d'éloge pour le leur. Ici
rien de semblable. Si je trouve une nuance
de dénigrement, c'est pour la France, et cela
n'est pas bien extraordinaire. Aux yeux d'un
Italien, les Français étaient apparus trop récemment sous les traits de conquérants. De
Beatis a pour eux quelques rigueurs. Il les
taxe en général de légèreté de mœurs, ce qui
peut paraître étrange quand on songe à la

gravité relative des sociétés qu'il avait lui-même fréquentées. Un jour à Rouen, on lui vole sa « bougette » avec quelques ducats. Il en garde rancune, et il qualifie nos ancêtres de « fainéants et vicieux », comme si pareille aventure n'avait pu lui arriver à Naples !

Mais ses rancœurs et celles du cardinal devaient s'aigrir par moments, quand ils voyaient à Blois le butin des dernières guerres et les beaux livres rapportés d'Italie, qui portaient encore les armoiries des Sforza et de Frédéric d'Aragon.

Cependant cette rancune paraît peu. Le voyageur est surtout occupé de son voyage, de tout noter, de bien marquer les routes et mesurer les distances. Il a un remarquable sens du pittoresque : il observe les costumes, les coiffures, les chevaux et les grands chariots à quatre roues « dont un seul porte plus de marchandises que quatre de Lombardie » ! Il voit à Bruxelles ce grand lit de huit mètres de long sur sept de large que le duc de Nassau a fait dresser dans une salle de son palais, pour y coucher ses invités quand ils ont trop bu. Il fait bon parcourir avec lui les villes flamandes avec leurs carillons, leurs fleurs et leurs treilles, ces maisons avec leurs grands lits de bois, leur vaisselle et leur dinanderie. Il me semble qu'il est des premiers à comprendre le charme de Bruges. Chose rare, il a quelque sens du paysage ; il aime les beaux arbres ; la vallée du Rhin l'a surpris, et il s'est émerveillé du reflux de la mer du Nord.

Mais ce qu'il y a le plus à goûter dans ce récit, c'est la vision très directe et très vivante des personnes. Songez que le digne secrétaire suit son maître à la recherche, on pourrait dire à la poursuite, du roi d'Espagne, à travers l'Allemagne, qu'ils le rejoignent enfin en Hollande, à Middelbourg, au moment même où il va prendre la mer pour gagner son royaume. Ils ont bien vu Charles-Quint, avec son œil bleu, et sa bouche toujours ouverte, et sa lèvre pendante.

A quelques semaines de là, à Rome, entre la reine Claude, sa femme, laide et boiteuse, et la reine Louise, sa mère, ils ont vu François Ier. Je ne sache pas qu'ait été tracée d'un trait plus sincère l'image du roi volage « qui boit de l'eau de diverses fontaines ». Il leur a paru beau, n'eussent été et son nez un peu trop fort, et ses jambes trop minces pour sa carrure.

Le voyage du cardinal Louis d'Aragon, raconté par Antonio de Beatis, est assurément un des plus curieux tableaux que je connaisse de l'Europe du passé ; c'en est aussi un des plus divertissants.

HENRY COCHIN.

INTRODUCTION

INTRODUCTION

M. Teodor de Wyzewa signalait naguère,
dans la *Revue des Deux Mondes*[1], la découverte, par l'historien allemand Louis Pastor,
d'un manuscrit napolitain du seizième siècle,
où le chanoine Antonio de Beatis avait relaté
au jour le jour le voyage du cardinal d'Aragon en France, en Flandre et en Allemagne,
pendant l'année 1517.

Après avoir noté que cet « itinéraire »
« est tout rempli pour nous de renseignements inappréciables sur l'état politique,
social et artistique du centre et du nord de
l'Europe à l'une des époques les plus impor-

1. *Revue des Deux Mondes*, 15 septembre 1908. M. de
Wyzewa a recueilli cet article dans son livre : *Excentriques
et Aventuriers* (Paris, Perrin, 1909).

tantes de toute notre histoire moderne », et déclaré que « personne désormais ne pourra traiter de la civilisation ni des arts de la Renaissance en deçà des Alpes sans être forcé de consulter l'humble journal de route rédigé par Antonio de Beatis », M. de Wyzewa exprimait le désir que ce livre fût « bientôt traduit tout entier » en français. Encouragée, aidée par ses précieux conseils, nous avons tâché de répondre à ce désir. Dans la traduction allemande[1], M. Louis Pastor a écourté, ou même résumé, les chapitres qui ont trait à la France. C'étaient, pour nous, les plus intéressants. On trouvera donc ici une version complète du manuscrit de Beatis, d'après le texte italien original.

Ce n'est pas que l'ouvrage soit parfait. Un voyageur moderne apporterait plus d'agrément et plus de variété dans son style. Le bon chanoine abuse des mêmes épithètes et

1. *Die Reise des Kardinals Luigi d'Aragona* (1517-1518), publié avec une introduction et des notes, par M. Louis Pastor, un vol. in-8, librairie Herder, Fribourg-en-Brisgau. Nous nous sommes parfois servi, pour les notes de notre traduction, des renseignements contenus dans l'excellente édition de l'historien allemand.

ne se pique point de renouveler ses expressions : s'il visite une ville, la ville est « belle », la cathédrale est « belle », souvent « la plus belle qu'il ait jamais vue » ; et c'est chose bien rare, aussi, que le voyageur néglige de nous renseigner sur le degré de « beauté » des femmes de la ville, avec une tendance bien marquée à juger les personnes de plus en plus « belles » à mesure qu'il redescendra du nord de l'Europe vers son midi natal. Beatis ne faisait pas de littérature. « Le parler que j'ayme, dira plus tard Montaigne, c'est un parler simple et naïf, tel sur le papier qu'à la bouche. » Simple et naïf, voilà Beatis écrivain. Mais il est un observateur de premier ordre, et M. de Wyzewa le place très haut :

Les mœurs et les coutumes, le langage, la nourriture et la boisson, l'apparence extérieure des hommes et leur caractère, la beauté des femmes et leur condition sociale, l'organisation politique et militaire, le développement des arts et des lettres, la diversité des sites naturels et des monuments de l'architecture, les découvertes scientifiques, les procédés de culture et de jardinage, tout cela, et maints autres aspects encore de la vie des trois grandes nations allemande, flamande et française, on peut bien affirmer que notre « touriste » les a notés « jour par jour, lieu par lieu, et mille par mille », avec un souci scrupuleux d'exactitude, un relief pittoresque, et une fine et délicate pénétration que l'on aurait peine à trouver réunis à un pareil degré chez aucun autre voyageur ou géographe de ce temps, — pour ne point dire d'aucun temps.

M. Louis Pastor admire pareillement l'abondance des documents recueillis par Beatis sur la Haute Allemagne : la forme des voitures, les hôtelleries, les espèces de vin, la bière, les sortes de viande, leur prix, les fours et les cheminées, la forme des cuvettes, les lits de plumes, les matelas, la disposition des chambres à coucher, les sortes de céréales, le bétail, les fromages et les fruits, les toilettes des femmes, les arbres, les moulins, les croix et les calvaires au bord des chemins, les cimetières avec leurs monuments et leurs bénitiers, les gibets au coin des rues, etc., etc., rien n'échappe à l'œil aigu, à l'intelligence ouverte du bon chanoine, dont la curiosité est vraiment universelle.

Même richesse de renseignements pour la France. Faut-il avouer que nos compatriotes ont provoqué chez Beatis un léger accès de mauvaise humeur? Hélas! on lui a volé, non loin de Gaillon, quelques menus objets et dix ducats ! Cette mésaventure lui a inspiré un jugement sévère et dont notre amour-propre aurait à souffrir, si par endroits sa bienveillance naturelle ne reprenait le dessus. On voudrait qu'il eût apprécié davantage Notre-Dame de Paris, mais l'éloge qu'il décerne à Lyon n'est pas banal : « Cette ville a un je ne sais quoi de la belle Italie, ce qui me la fait juger la plus belle ville de France. » Toutefois, ce qu'il vante le mieux, c'est l'excellence de notre cuisine. Certaine épaule de mouton rôtie, accommodée avec de petits oignons, lui a laissé des souvenirs ineffaçables. Il en conclut que « tous les Français sont avides de s'amuser et de vivre gaîment. Ils s'adonnent à la nourriture, à la boisson et aux plaisirs galants à tel point que je ne sais comment ils peuvent faire encore quelque chose de bon ». Est-ce une critique ou un compliment? Au fond, Beatis est séduit par l'élégance et la luxuriance de la vie

française. Même quand il nous blâme, il a
l'air de nous envier. Son tableau fait songer
aux vers du poète :

> France, ô belle contrée, ô terre généreuse
> Que les dieux complaisants formaient pour être
> [heureuse.

Après cela, nous ne serons pas jaloux s'il
préfère, puisqu'il est Italien, « la belle
douce, amène et suave Italie ».

.˙.

Le manuscrit de Beatis, nous l'avons dit,
fut rédigé au jour le jour. Et ce nous est un
garant de sa rigoureuse sincérité. M. Jules
Lemaître soupçonne Chateaubriand d'avoir
dépeint beaucoup plus de régions qu'il n'en
a visitées : on n'accusera jamais de pareille
gasconnade le bon chanoine de Melfi. Il
n'enjolive pas, il raconte. Besogne d'annaliste qui ne laissait pas d'être malaisée, car
souvent les loisirs manquaient. On n'avait
pas de temps à perdre. On courait d'étape
en étape. Puis il y avait le bréviaire à réciter,

la messe à célébrer, maintes lettres à écrire pour le compte du cardinal son maître. En vérité, ce Beatis était un homme actif.

A-t-il remanié plus tard le texte original ? Peut-être, mais de façon assez superficielle, si l'on en croit M. Pastor. Et pour rester naturel, il ne voulut employer ni le latin qu'il possédait imparfaitement, ni le toscan qui ne lui était pas familier, mais son dialecte natal des Pouilles.

Après la mort du cardinal d'Aragon, Antonio de Beatis adressa différentes copies de son journal aux amis et aux protégés du défunt. Deux de ces copies sont connues : l'une sans dédicace datée de Melfi, 20 juillet 1521 ; l'autre, dédiée au secrétaire du cardinal Scripando, porte la date du 31 août 1521.

.·.

Antonio de Beatis ne doit pas nous faire oublier son « illustrissime et révérendissime maître », le cardinal d'Aragon. C'est le voyage du cardinal d'Aragon que Beatis

nous raconte. Il est donc nécessaire de présenter au public cet éminent personnage.

Petit-fils du roi de Naples Ferrante Ier, et
descendant de la maison royale d'Aragon, le
futur prélat ne se destinait point à la carrière
ecclésiastique. Il avait épousé en 1492 Bat-
tistina Usodimare Cibo, mais, devenu veuf
après quelques mois de mariage, il entre
dans les ordres, et, deux ou trois ans plus
tard, reçoit d'Alexandre VI le chapeau de
cardinal, avec l'évêché d'Otrante. En 1499,
il assume la charge d'accompagner en Espagne la reine Jeanne, veuve de Ferrante, et
il en profite pour visiter — c'est Beatis qui
nous le révèle — « presque toute la Bétique
et l'extrême Hespérie ». Quant aux résultats
pratiques de son expédition, ils furent médiocres. On était venu pour plaider auprès
de Sa Majesté Catholique les intérêts de la
maison royale de Naples. Or Naples fut partagée entre l'Espagne et la France, et son
roi détrôné.

On ne sait trop comment Louis d'Aragon
se consola de cet échec. Nous le retrouvons

à Rome, en 1503, prenant part à l'élection
du pape Pie III, puis de Jules II. Il n'était
alors que sous-diacre; il fut admis au dia-
conat en 1504.

L'Italie, disait un pape du seizième siècle,
est une lyre à quatre cordes, qui sont Rome,
Naples, Florence et Milan. Depuis bien des
années, les quatre cordes avaient cessé d'être
d'accord et, en 1510, Jules II dut marcher contre
Bologne. Le cardinal d'Aragon partagea les
fatigues de la campagne. Il en connut aussi
les profits : de riches bénéfices, qui s'ajou-
tèrent à sa fortune personnelle, déjà considérable. On assure même que Jules II aurait
pensé un moment à le faire proclamer roi de
Naples : les lettres y auraient perdu, puisque nous n'aurions pas eu le manuscrit de
Beatis.

Après la mort de Jules II, remplacé par
Léon X (1513), le cardinal, plus en faveur
que jamais, brille aux premiers rangs de la
Cour pontificale, s'occupe de chasse et de
politique, — les deux passions du nouveau
pape. Mais voici qu'un nuage s'élève. C'est

du moins la thèse de M. Louis Pastor, qui a consacré une forte étude au cardinal d'Aragon, dans l'édition allemande du manuscrit de Beatis. M. Pastor s'appuie sur les rapports secrets de l'ambassadeur vénitien Marino Giorgi (mars 1517) : on y voit que Jules II n'avait pas témoigné assez de gratitude envers le cardinal, qui avait été l'un de ses principaux électeurs; doté d'un revenu de 4.000 ducats, Louis d'Aragon jugeait le cadeau trop maigre, et il se serait plaint en outre qu'on ne lui eût pas accordé la place promise de vice-camerlingue. D'après un autre écrivain, il aurait trempé dans le complot formé contre Léon X par le cardinal Petrucci. Toujours est-il que la nouvelle d'un différend sérieux se répandit. Le départ du cardinal n'était pas de nature à éteindre ces bruits. C'est en effet, dans la dernière semaine d'avril 1517, que Louis d'Aragon quitte la ville éternelle, et de Ferrare s'achemine vers la Flandre, l'Allemagne et la France. On donna pour motif qu'il voulait présenter ses devoirs au Roi catholique. Mais

Beatis, son secrétaire, affirme que l'unique raison de cette entreprise fut l'amour des voyages.

Dès son retour à Rome, en 1518, Louis d'Aragon fut invité à la table pontificale, d'où l'on peut conclure que la brouille avait été superficielle, et que le cardinal n'était pour rien dans la conspiration Petrucci, car on ne lui aurait point pardonné si facilement. D'ailleurs les contemporains qui vantent son extraordinaire libéralité, le considèrent, en général, comme irréprochable. A vrai dire, M. Pastor met en doute ses vertus ecclésiastiques, que de perpétuels divertissements mondains étaient bien faits pour entamer. Quant à ses devoirs professionnels, on estime qu'il ne les négligeait point ; même au milieu de ses randonnées, il récitait son bréviaire et célébrait sa messe, presque chaque matin.

Le cardinal d'Aragon mourut, le 21 janvier 1519, d'une fièvre maligne. Ses restes furent déposés dans l'église Sainte-Marie-de-la-Minerve, à Rome. La pierre tombale, érigée en 1533, porte une inscription mentionnant l'origine royale du prélat et l'âge où il est mort, 44 ans, 4 mois et quinze jours. Inscription qui se trouve juste au-dessous d'une autre tombe, plus célèbre, celle où Nicolas V avait fait graver deux vers latins :

Non mihi sit laudi, quod eram velut alter Apelles,
Sed quod lucra tuis omnia, Christe, dabam.

« Ne me louez pas d'avoir été comme un second Apelle ! Mon seul titre, ô Christ, est d'avoir donné aux tiens tout ce que je gagnais [1]. » Le cardinal d'Aragon ne fut pas un mystique comme Fra Angelico de Fiesole, et il ne se défendait pas d'être sensible aux biens terrestres. Mais, parce qu'il aima les arts, il n'est pas tout à fait indigne de ce glorieux voisinage.

·.·

Si l'on a pu dire de Pétrarque qu'il avait été le premier des modernes à entreprendre des voyages pour le plaisir de voyager, le cardinal d'Aragon, — observe M. de Wy-

---

1. M. Henry Cochin estime que l'on attribue gratuitement cette épitaphe au pape Nicolas V (V. *Bienheureux Fra Angelico*, par HENRY COCHIN, page 281.).

zewa — nous apparaît comme le digne héritier de ce goût, tout humaniste, du poète
toscan : « les plus grands princes ont pour
lui moins d'attrait qu'un beau paysage, une
église fameuse ou le progrès commercial
d'une riche cité. » Et ce goût n'est pas commun alors. Même quarante années plus tard,
voyez comme notre du Bellay, — un poète
pourtant! — s'ennuie à Rome ! Il s'ennuie
tant que la mélancolie lui inspire les déli-
cieux *Regrets :*

Las! et nous cependant nous consumons notre âge
Sur le bord inconnu d'un étrange rivage
Où le malheur nous fait ces tristes vers chanter...

Tel n'est point Louis d'Aragon. L'heureux
cardinal et sa suite ignorent le mal du pays.
Ils jouissent de tout : à Inspruck ils admi-
rent les collections de la Hofburg ; à Gand,
le retable d'Hubert van Eyck ; à Constance, à
Spire, à Cologne, les bibliothèques ; à Blois
et à Gaillon, les manuscrits ; à Milan, *la Cène*
de Vinci ; à Nuremberg, les horloges ; un
peu partout, les orgues. Ce sont de continuelles découvertes, et des surprises, et des

ravissements... Nos voyageurs du dix-neuvième et du vingtième siècle n'exerceront pas mieux leur intelligence.

Oui, c'est par là qu'il faut conclure : le cardinal Louis d'Aragon et le chanoine Antonio de Beatis sont des hommes très intelligents. Le maître et le secrétaire méritent au même degré cette louange. Aussi bien il est temps de leur céder la parole; nous n'aurons qu'à gagner en leur compagnie[1].

M. H. M.

1. L'année 1517, au cours de laquelle le cardinal d'Aragon et Antonio de Beatis accomplissent leur voyage, est l'année du traité de Cambrai (11 mars), qui met fin aux guerres d'Italie. François Ier règne en France, Maximilien Ier en Allemagne, Charles Ier en Espagne, le pape Léon X (Jean de Médicis) à Rome. C'est l'année où, quoique Maximilien ne soit pas mort, François Ier et le futur Charles-Quint engagent la lutte pour l'empire et recrutent des électeurs. C'est l'année où un jeune moine de Wittemberg, Martin Luther, affiche ses thèses fameuses contre les indulgences. Raphaël et Léonard n'ont plus que peu de temps à vivre. Comynes n'est plus; Pierre Gringoire s'efface; Rabelais, Marot, le cordonnier Hans Sachs ont vingt ans; Ronsard, du Bellay, Brantôme, Montaigne ne sont pas encore nés. Erasme et Guillaume Budé portent le drapeau de l'érudition. François Ier commande aux Guste le tombeau de Louis XII. On entreprendra bientôt le château de Chambord. On achève, à Chenonceaux, la partie qui donne sur la rive droite du Cher et le sculpteur Jean Gailde met la dernière main au jubé de la Madeleine de Troyes. A cette époque (voir LAVISSE, *Histoire de France*, t. V) on connaît, en Amérique, le rivage du continent septentrional, depuis Terre-Neuve

jusqu'au golfe du Mexique, les Antilles presque entières, les côtes du continent méridional, depuis le Nicaragua jusqu'à l'Amazone, et enfin le Brésil; à l'Orient les Portugais ont pénétré par l'océan Indien jusque vers le détroit de Malacca et vers la Chine; bientôt les navires de Magellan feront le tour du monde; Cortez s'apprête à conquérir le Mexique, et Pizarre le Pérou.

*Don Antonio de Beatis, chanoine de Melfi, à
ses bons amis et seigneurs, salut et perpétuelle
félicité !*

Vous n'êtes pas sans savoir que, naguère,
mon révérendissime et illustrissime maître, le
cardinal d'Aragon, non satisfait d'avoir plusieurs fois visité la plus grande partie de l'Italie,
presque toute la Bétique, et l'extrême Hespérie,
a entrepris encore, — sous couleur d'aller présenter ses devoirs au Roi catholique, nouvellement élu roi des Romains, par un effet de la
grâce divine, — d'explorer la Germanie, la
Gaule, et toutes les autres régions riveraines
de l'Océan occidental et septentrional, comme
aussi de se faire connaître dans ces diverses régions ; et il a paru bon à son illustrissime seigneurie, — non certes par avarice (car si jamais
il y eut un seigneur magnanime et libéral, ce fut
bien celui-là, et le fait est que, dans ce voyage,
autant pour le manger et le boire que pour les ca-
deaux très nombreux et pour l'achat de maintes
choses destinées à son contentement et plaisir,

ses dépenses ont été d'environ quinze mille ducats), mais seulement pour la commodité du service et la rapidité de la route, — de n'emmener avec soi qu'un groupe de dix gentilshommes, ainsi qu'un certain nombre de domestiques que vous pourrez voir dénombrés à la fin de mon présent livre.

Et, comme, parmi ces derniers, il a plu au sort que je fusse compris, malgré mon infinie petitesse, j'ai résolu, sur le conseil de mon bon maître, et tout à la fois pour la gloire de celui-ci et pour l'instruction et le plaisir de mes amis, de noter exactement depuis le moment où nous sommes partis de Ferrare vers l'Allemagne, jour par jour, lieu par lieu, et mille par mille, tout le détail des cités, bourgades et villages que nous traversions, avec désignation particulière de toutes les choses curieuses que nous pourrions y rencontrer ; et c'est ce que j'ai continué de faire jusqu'au bout du voyage, avec l'aide de Dieu.

J'estime à présent qu'il est de mon devoir de vous envoyer une copie, faite de ma main, du dit itinéraire, en vous priant et suppliant de vouloir bien le recevoir, lire, et relire avec un front serein et limpide, mais surtout de m'excuser si, pour le style et pour l'ordonnance, vous n'y trouvez pas une composition digne de vos doctes et délicates oreilles. Car je n'ai point osé prendre sur moi d'écrire en langue latine, non seulement par crainte de n'être pas compris de tout le monde, mais aussi par conscience de mon incapacité à m'exprimer dans cette langue de façon à mériter vos louanges; et comme je n'ai jamais fait profession du dialecte toscan, étant né dans la Pouille, il m'a donc été nécessaire de me servir simplement de mon idiome et parler propres, quelque pauvres qu'ils soient.

Au moins, je puis vous assurer que, parmi ce grand nombre de feuilles que j'ai remplies, vous ne découvrirez rien autre que la simple vérité, sur des faits dont j'ai été le témoin oculaire, ou bien qui m'ont été rapportés par des personnes d'autorité grande, et absolument dignes de crédit et de foi. Que si, après cela, vous y voyez signalées des choses qui vous sembleront quasi prodigieuses, comme le fait est qu'il y en a un bon nombre, vous voudrez ne pas les imputer à l'auteur qui écrit, mais bien à la divine variété de la nature.

A quoi j'ajouterai que, si j'ai eu quelque mérite à rédiger le présent itinéraire, occupé comme je l'étais, non seulement à réciter l'office divin avec mon illustrissime maître, à lui servir la messe chaque matin, et souvent à la célébrer moi-même, mais encore à écrire en son nom une foule de lettres aussi bien la nuit que le jour, je ne vous demande pas d'autre prix et récompense, pour tant de veilles et de fatigues,

ainsi que pour le plaisir, l'instruction, et la
sagesse que vous pourrez acquérir en parcourant mon livre, que de daigner faire mémoire
et célébration de la personne bienheureuse et
du divin esprit de mon bon, juste, pieux, saint,
libéral, et très gracieux défunt maître. Adieu. —

Ecrit dans la ville de Melfi, ce 20 juillet 1521.

ALLEMAGNE

(TYROL, SUISSE, HAUTE-ALLEMAGNE, ETC.)

Le 8 mai 1517, de Ferrare, nous allâmes déjeuner à Ficarolo, qui est à quinze milles [2], et nous couchâmes à Melara, ville ouverte du duché de Ferrare, cela fit en tout quarante milles. De Melara, nous sommes allés le 9 à l'Insula de la Scala qui se trouve à vingt et un milles plus loin, pour y déjeuner.

A trois milles de Melara est Ostiglia, sur le Pô, ville très importante appartenant au marquis de Mantoue. De là, nous allâmes coucher à Vérone. Cette cité est bâtie dans la plaine, mais une partie avoisine la montagne. Ses rues, ses places, ses palais sont beaux ; c'est une cité très gaie qui entretient un théâtre. Elle est arrosée par l'Adige.

Le 11 mai, le cardinal partit de Vérone pour

1. Le manuscrit de Beatis ne contient ni titres, ni sous-titres, ni subdivisions. C'est nous qui les ajoutons pour la clarté du récit.

2. Beatis estime que trois milles d'Italie valent une lieue de France.

déjeuner et dîner à Borghetto, située à vingt-quatre milles de là ; à la moitié du chemin se trouve le passage des gorges de Vérone, ce passage n'est pas plus large qu'une portée de pierre, et l'Adige le traverse. Des deux côtés il y a des roches abruptes qui montent droit vers le ciel. Ces roches sont très fortifiées du côté allemand et il est impossible d'en approcher, d'autant plus que les Vénitiens montent bonne garde ; ils ont creusé en certains endroits, dans la pierre vive, de nombreuses bouches d'artillerie. Du côté de Vérone le passage n'est pas très difficile. Ceux qui veulent se rendre en Allemagne doivent prendre la route qui est à droite : c'est un défilé si étroit et le sentier de pierre est si mauvais qu'un seul cavalier peut y passer à la fois, et encore non sans danger. Du côté gauche, il n'y a pas de chemin, car le fleuve coule au pied de la montagne qui s'élève en ce lieu, droite et escarpée, pour s'incliner ensuite doucement en plaine verdoyante.

Bien que Borghetto soit en Italie, c'est là que commence la souveraineté de l'empereur.

Le 12 mai, mon illustrissime maître quitta Borghetto, ville hospitalière, sur l'Adige, pour se rendre à Roveredo, ville fortifiée où il déjeuna ; de là, il gagna Trente pour y passer la nuit.

DE TRENTE A INSPRUCK

Trente est une très belle ville, bâtie dans la plaine et abondamment arrosée d'eau ; le cardinal dîna au château avec l'évêque[1], qui a la charge du spirituel et du temporel de la ville. Il alla voir le corps du bienheureux Simon, ainsi que l'artillerie de l'empereur qui est très belle et considérable : elle compte beaucoup de grosses pièces.

De Trente, le Cardinal se rendit à Salurn, ville située à deux milles allemands (chaque mille allemand en vaut cinq italiens) puis il entra en Allemagne après avoir traversé le pont d'une rivière qui se jette dans l'Adige et où l'on voit une église dédiée à saint Olivier, qui fut évêque : on raconte que ce saint, se trouvant en Italie accablé de graves infirmités, et désirant ardemment rentrer en Allemagne, supplia Dieu de lui faire la grâce de ne mourir qu'après être revenu dans sa patrie, et qu'arrivé à l'endroit où s'élève actuellement l'église, il expira.

A Salurn, le cardinal reçut la visite du duc de Bari[2], frère de Maximilien Sforza et fils de

1. Bernard de Clès, évêque de Trente (1514-1539), fut créé cardinal en 1530 par Clément VII, mourut le 28 juillet 1539 ; son tombeau se voit dans la cathédrale de Trente.
2. François Sforza, duc de Bari, succéda à son frère

Ludovic le Maure, qui a la réputation d'être très bon littérateur et d'avoir un caractère plein de bravoure et de prudence.

Le 14, Sa Seigneurie se rendit de Salurn à Botzen, ville fortifiée de l'évêché de Trente; elle compte plus de sept cents habitations, elle est pleine d'eau et de fontaines, et fort bien bâtie. Il s'y trouve deux belles églises. Près de cette ville, l'Adige reçoit un affluent, l'Eisack, dont le nom allemand veut dire *Sac de neige*, car, en effet, il ne grossit qu'au moment de la fonte des neiges. La vallée à travers laquelle il coule est appelée du même nom.

Le 15 mai, le cardinal traversa une ville forti-fiée nommée Klausen, éloignée de quatre milles de Botzen, qui fait partie de l'évêché de Brixen; le 16, il alla déjeuner et dîner à l'auberge du Sac, distante de quatre autres milles ; à mi-route se trouve la cité de Brixen : si elle n'est pas grande, elle est bien construite et bien habitée ; mon illustrissime maître y fit la commande d'un orgue, à un maître qui les exécutait d'une façon remarquable.

Le 17 mai, entre l'auberge du Sac et Steinach, à deux milles du Sac, on rencontre la ville de Sterzing, qui consiste en une rue très longue ;

Maximilien, mort en 1530, comme duc de Milan ; mourut en 1535.

non loin de là, à Brenner, on voit au pied de la montagne deux petit lacs[1] ; l'Eisack prend sa source dans l'un d'eux, et une petite rivière appelée le Sill qui coule vers Inspruck, dans l'autre.

Dans la ville de Steinach se trouve un château où l'empereur[2] descend lorsqu'il vient chasser les chamois et les cerfs, qui abondent dans la montagne ; on les rabat vers un cours d'eau qui passe près du château, et là on les tue à coups d'arbalètes et de fusils. En souvenir de ces exploits, sont exposées dans le château six magnifiques paires de cornes de cerfs dont la base est dorée, avec les armoiries des seigneurs qui les ont massacrés ; on voit également des cornes de chamois.

Le 18, de Steinach, mon révérendissime Seigneur alla dîner à Inspruck ; on traverse pour s'y rendre, après un demi-mille de marche, la ville de Matrei, qui possède une belle rue avec des maisons et logements confortables.

1. Le premier de ces lacs est à présent desséché, mais on montre encore son emplacement au sud de l'hôtel *Brenner Post*. On voit les deux lacs sur de vieilles cartes de 1605 et 1608.

2. Maximilien Ier, empereur d'Allemagne (1493-1519), né en 1459, épousa, étant archiduc d'Autriche en 1478, Marie de Bourgogne, fille de Charles le Téméraire.

INSPRUCK, VISITE AUX DEUX REINES

Inspruck est construite dans la plaine ; ce n'est pas une très grande ville, mais elle est bien habitée, forte, belle et gaie. L'empereur y séjourne volontiers, et l'on dit qu'il y vint loger plusieurs fois avec six mille chevaux. On y fabrique, avec une grande perfection, des armures qui résistent non seulement aux arbalètes (comme nous l'avons constaté sur celle que Sa Seigneurie s'est fait faire), mais encore aux coups de fusil ; je ne sais si cela est dû au travail ou bien à la qualité du fer et à la trempe de l'acier. Les maisons sont très jolies avec leurs toits, leurs fenêtres et leurs façades ornées suivant la coutume de l'endroit. Les rues sont larges, on y voit de nombreuses fontaines et de petits ruisseaux. Hors des murs coule l'Enns, vulgairement appelé Inn, c'est de là que vient le nom allemand *Innsbrück* qui veut dire : pont sur l'Inn. Cette ville est du diocèse de Brixen, elle possède une artillerie aussi importante que celle de Trente et une telle quantité de munitions, de fusils, d'arbalètes, de lances, de boucliers qu'on en armerait facilement trente mille fantassins.

Dans l'église principale [1] on admire un très

1. L'église paroissiale Saint-Jacques, vieille église gothi-

bel orgue[1] dont les dimensions ne sont pas excessives, il a beaucoup de registres et de voix perfectionnées qui rendent le son de la trompette, du fifre, de la flûte, du cornet à piston, du chalumeau, de la cornemuse, du tambour et le chant d'oiseaux variés avec tant de naturel qu'il ne diffère pas du chant véritable — ceci est réellement très joli et ingénieux — de telle sorte que, sur tant d'orgues que nous avons vus pendant notre voyage, celui-là est le plus admirable de tous.

A Inspruck, mon illustrissime maître alla rendre visite aux deux reines, dans le palais de l'empereur. Il y a dans ce palais plusieurs habitations construites suivant l'art allemand. Les deux reines se trouvaient dans un salon dont tout un côté était occupé par plus de cinquante dames d'honneur, très attentives à leurs fonctions, comme c'est l'usage en Allemagne, et belles de visage. L'une des deux reines, sœur du roi de Hongrie, se nomme Anne[2], elle est

que, a été reconstruite de 1717 à 1724 dans le style de la décadence.

1. Cet orgue, restauré en 1497, avait été érigé quelques années auparavant.

2. Anne de Hongrie, fille de Ladislas VI roi de Pologne, sœur de Louis II de Hongrie, épousa Ferdinand d'Autriche auquel elle apporta les couronnes de Hongrie et de Bohême. Elle défendit Vienne contre Soliman en 1529. Mourut à Prague en 1547. Fut l'aïeule de Marie de Médicis et d'Anne d'Autriche.

âgée de quatorze ou quinze ans et doit épouser
Ferdinand[1], frère du Roi catholique[2]; elle est
très belle et très gaie ; elle a les yeux vifs ; sa
carnation est telle qu'elle semble toute de
lait et de sang. Elle était vêtue de velours noir
et portait sur la tête un béret également de
velours noir. L'autre princesse[3], sœur du Roi
catholique, doit épouser le roi de Hongrie[4]; elle
a dix ou onze ans, son teint est brun, elle n'a
pas beaucoup de charme à mes yeux; elle était
habillée avec la même élégance que la princesse
Anne, mais la soie de sa robe était de couleur
différente, elle portait aussi un béret d'homme
en velours noir.

Dans ce château, il y a un garde-meuble, à
l'empereur, rempli de curiosités et d'objets
en fer, travaillés avec beaucoup de bizarrerie.
Il s'y trouve de fines et belles armures parmi
lesquelles, celle du roi d'Écosse qui fut tué par
les Anglais dans un combat qui se livrait en

1. Ferdinand, frère cadet de Charles-Quint, né en 1503,
mort en 1564, succéda à son frère comme empereur en 1556.

2. Charles-Quint, qui n'était alors que roi d'Espagne sous
le nom de Charles Ier, né en 1500, mort en 1558. Roi d'Espagne en 1516 ; empereur d'Allemagne à la mort de son
aïeul Maximilien en 1519 ; abdiqua en 1555.

3. Marie, sœur de Charles-Quint, née en 1503, morte en
1558, épousa Louis II de Bavière en 1521. — Veuve en 1526,
fait vœu de ne pas se remarier et y fut fidèle. — Gouverna
les Pays-Bas.

4. Louis II, né en 1506, mort en 1526.

Angleterre. On y voit encore un lièvre qui a six cornes sur la tête, la peinture d'un porc haut de plus de six palmes[1] et celle d'un cerf grand comme un cheval, qui fut tué par un seigneur d'Inspruck. Toute la salle et quelques autres pièces sont ornées de cornes de cerfs immenses, du genre de celles qui se trouvent au château de Steinach; l'une d'elles, à trente-six branches, est la plus belle que j'aie jamais vue.

A un mille italien de la ville, sur la rive gauche de l'Inn, l'empereur fait couler vingt-huit statues de métal représentant ses prédécesseurs et ses alliés de la maison de Habsbourg; nous avons vu les onze qui sont achevées, elles ont environ neuf pieds de haut. On exécute encore cent vingt-huit autres statues, hautes de trois pieds; nous en avons vu dans l'atelier de fabrication, quelques-unes représentent des saints. Les artistes et gentilshommes d'Inspruck disent que l'empereur les mettra dans une église qu'il fera construire; et vraiment, quand une œuvre pareille sera terminée, elle sera superbe et digne de la magnificence et de la grandeur de Sa Majesté[2].

1. La palme vaut environ 0 m. 26 ; elle variait un peu en Italie suivant les contrées.

2. Ces admirables statues de bronze entourent en effet, dans la célèbre église des Franciscains d'Inspruck, — construite entre les années 1553 et 1563, — le tombeau de

D'INSPRUCK A AUGSBOURG

Le 21 mai, après déjeuner, Sa Seigneurie partit d'Inspruck pour se rendre dans une ville nommée Seefeld ; sur la route, à un mille, on rencontre un mont de pierre vive sur lequel se trouve, à une hauteur de cinquante ou soixante pas, une caverne jusqu'à laquelle l'empereur monta, afin d'y placer de ses propres mains une croix qui se voit de la route[1]. Un peu plus loin, à un autre mille, est la ville de Zirl, très bien habitée.

A Seefeld, qui compte peu d'habitants, l'église paroissiale possède une hostie miraculeuse qui semble être de chair et de sang ; elle est enfermée dans un ostensoir depuis l'année 1384. Cette année-là, Oswald Mülser, noble et préfet de la ville, soutenant que la grande hostie seule pouvait être consacrée, déclara, le Jeudi-Saint, au curé de l'église qu'il ne voulait pas communier en un tel jour avec la petite hostie, bonne pour le peuple, mais qu'il entendait le faire

l'empereur Maximilien. Quelques-unes des vingt-huit grandes figures, — les plus anciennes et celles-là même qu'a pu voir Beatis, — comptent parmi les chefs-d'œuvre de la sculpture allemande.

1. Certains écrivains assurent que Maximilien porta lui-même la croix jusqu'à la caverne ; d'autres disent qu'il la plaça seulement où elle se trouve. Antonio de Beatis n'explique rien et l'on ne peut savoir si l'empereur a agi par dévotion ou pour accomplir un acte de bravoure.

avec une grande hostie, comme les prêtres. Le
curé lui répondit qu'il n'y avait aucune différence entre une grande et une petite hostie
également consacrées. Le préfet ayant insisté,
le curé, qui était craintif, le communia suivant
son désir. Or, à peine l'hostie fut-elle dans sa
bouche qu'elle devint de chair et de sang, tandis que la terre du côté de l'autel où Mülser était
agenouillé s'ouvrait et menaçait de l'engloutir.
Terrifié de la grandeur du miracle et se voyant
périr, Mülser voulut se retenir avec la main
droite à l'angle de l'autel, mais, par une permission de Dieu, l'autel, bien qu'il fut de pierre très
dure, s'amollissait et les doigts s'y enfonçaient
comme dans de la cire, ainsi que les traces le
prouvent encore. Alors, le curé enlevant de la
bouche de Mülser le corps du Christ, le déposa
avec grand respect dans l'ostensoir de cristal
garni d'argent que le cardinal et nous tous
avons vu de nos yeux. Le préfet, soumis et re-
pentant, mena jusqu'à sa mort une vie très
austère et édifiante. Cette relique, dit-on, a
toujours fait et fait encore de nombreux miracles [1].

Seefeld est du diocèse de Brixen, dans le

---

1. Cette légende de Beatis est confirmée par une image
et une inscription placées à l'entrée de la chapelle; les personnages de cette image portent les costumes de la fin du
quinzième siècle.

Tyrol qui est soumis à l'empereur, et elle a toujours appartenu à la maison d'Autriche.

Le 22 mai, de Seefeld, le cardinal alla déjeuner à Mittenwald, petite ville distante de trois milles, de là il dîna à Partenkirchen, il se rendit le 23 à Rottenbuch, monastère des chanoines réguliers de l'ordre de Saint-Augustin, dédié à la Bienheureuse Vierge Marie. La solennité principale du couvent se célèbre le jour de la Nativité. On trouve là une spacieuse hôtellerie appartenant au monastère qui a la juridiction spirituelle et temporelle sur le pays, à cinq milles allemands à la ronde.

A un mille de Partenkirchen, on rencontre un monastère de l'ordre de Saint-Benoît, élevé dans la campagne, en un lieu qui était autrefois un repaire de brigands ; il y a là une grande église, fort bien ornée, construite en rond, avec une belle coupole ; un pilier la soutient au milieu. Ce monastère fut construit par l'empereur Frédéric IV, en ex-voto à Dieu qui lui fit la grâce de revenir sain et sauf de l'Italie. Le choix de ce lieu lui fut indiqué par un ange qui lui apparut revêtu de l'habit de Saint-Benoît, comme les moines de cet ordre. Le monastère est dédié à la vierge d'Eype [1].

---

1. En réalité c'est Louis de Bavière qui vers 1330 fonda le monastère d'Ettal. Il est à croire que le nom de Frédéric a

De Rottenbuch, le cardinal alla déjeuner et dîner à Landsberg, éloignée de cinq milles. A un mille de Rottenbuch, sur une colline, est une cité nommée Schongau ; elle appartient au duc de Bavière. Au delà s'en trouve une autre qui est à lui également ; elle se nomme Schönach ; un fleuve du même nom la traverse.

La ville de Landsberg, encore une propriété du duc de Bavière, est arrosée par un fleuve sur lequel est un beau pont de bois, comme le sont tous les ponts en Allemagne, car il n'y en a aucun en pierre. Si le fleuve n'est pas grand, il n'est pas petit non plus, il prend sa source près du monastère de la Madone d'Eype et se nomme *Licus* en latin et *Leuch* en allemand. Dans la terre de Landsberg, ce fleuve forme une cascade qui le rend rapide et furieux.

Le 25 mai, de Landsberg, le cardinal alla déjeuner et dîner à Augsbourg, située à six milles plus loin : pendant ce parcours on ne trouve plus les collines et les bois du pays de Landsberg ; nous chevauchions dans une plaine immense, rase comme celle de la Pouille.

été donné par suite d'une erreur de Beatis ; de même le nom *Eype* ne se rapporte à rien. Beatis, écrivant très vite et souvent sans faire grande attention à l'orthographe, a dû inscrire *Eype* à la place d'Ettal.

AUGSBOURG

Augsbourg est une ville grande et très peuplée, elle est toute construite dans la plaine, c'est une cité très gaie, elle a de belles places et de jolies rues garnies de maisons et d'églises d'un aspect élégant. Il y a dans la ville de nombreuses fontaines dispersées en tous lieux[1]; l'eau y est amenée par un système très curieux : une tour est élevée à l'extrémité de la cité au-dessus d'une petite rivière; par le moyen d'une roue établie au bas de cette tour l'eau est envoyée avec force dans le haut, et de là dans des conduits souterrains qui vont aux fontaines de la ville, d'où elle jaillit à une belle hauteur. Le cardinal alla visiter la tour et jugea le procédé très original.

A Augsbourg se trouve le palais des Fugger, l'un des plus beaux de l'Allemagne; il est orné des marbres les plus variés. Sur la façade, du côté de la route, on voit une image historique, toute faite d'or et de couleurs superbes ; le toit du palais est complètement en cuivre et au milieu de l'art allemand on remarque quelques parties d'un bel art italien, le tout fort bien compris[2].

1. Augsbourg a conservé quelques-unes des plus belles fontaines de la Renaissance.
2. Le palais des Fugger, — qui allaient devenir bientôt

Dans un monastère de frères carmes, il y a une chapelle qui fut érigée par les Fugger ; à l'extrémité le pavé de la nef, qui est élevé de huit marches, est magnifiquement revêtu de marbre, de mosaïques d'or, d'azur et d'autres couleurs extrêmement fines qui donnent une excellente peinture. L'autel, qui tient presque toute la largeur du chœur, est orné d'admirables figures de marbre imitant parfaitement l'ancien ; tout autour du chœur sont des stalles de chêne assez bizarres, avec des personnages en relief représentant les prophètes et les sybilles, c'est un très bon travail. L'orgue est grand et beau, en rapport avec la chapelle. Cette chapelle, avec tous les ornements dont j'ai parlé, a coûté, d'après la relation de messire Jacob Fugger, chef de la famille, qui la fit construire, vingt-trois mille florins.

Les Fugger sont les plus grands marchands de la chrétienté ; sans l'aide de personne, ils peuvent donner de la main à la main trois cent mille ducats comptant, sans prendre rien de leur fond de fortune, qui n'est pas petit. Et cette fortune, ils l'ont faite par des prêts aux évêchés et aux détenteurs des gros bénéfices des abbayes de l'Allemagne pour la dîme que ceux-ci de-

les banquiers de Charles-Quint, — est aujourd'hui fort déchu de son éclat ancien.

vaient envoyer à Rome. Messire Jacob se vantait d'avoir pendant sa vie aidé tous les évêchés existants, et, beaucoup, deux ou trois fois ; or, il n'avait pas dépassé soixante-dix ans. Leur fortune leur venait encore des mines d'or et d'argent qu'ils avaient affermées pendant de nombreuses années à l'empereur et au roi de Hongrie, à très bon marché. Ces mines employaient dix mille mineurs allemands et hongrois, et bien que, depuis quelques années, le fermage en fût augmenté, elles rapportaient encore un beau bénéfice.

Il y avait aussi à Augsbourg les Welser, gens agréables qui appartenaient également à l'aristocratie de la ville ; ils étaient bons commerçants, mais pas en comparaison des Fugger.

Le cardinal Matthieu Lang[1] est aussi originaire d'Augsbourg et s'y est fait construire, depuis qu'il a la pourpre, une spacieuse et belle demeure.

Les Fugger, dans leur jardin situé en dehors de la ville, ont des fontaines dont l'eau est conduite jusque dans les chambres par un système de roue, pareil à celui de la ville d'Augsbourg. Ils invitèrent le cardinal d'Ara-

1. Né en 1469, évêque de Gurk en 1505, créé cardinal en 1511 par Jules II ; coadjuteur en 1514, puis archevêque de Salzburg en 1519 ; mort en 1540.

gon à un bal qu'ils donnèrent dans cette propriété; il y avait de très belles femmes.

Outre l'évêché qui est grand et beau, Augsbourg possède une église dédiée à saint Dominique, magnifique et bien conçue; elle a été complètement construite en trois ans, dit-on.

A Augsbourg vit encore le maître Paul Ruzo, laïque, homme très fort en hébreu et latin; grand philosophe aussi, très aimé de l'empereur et de ses courtisans.

D'AUGSBOURG A NUREMBERG

Le 27 mai, Sa Seigneurie dîna à Donauwerth, petite ville murée, ainsi appelée à cause du Danube qui passe près de ses murs, à la portée d'une arbalète. On voit dans la ville un monastère des religieux de Saint-Benoît ; il est érigé sous le vocable de la Sainte-Croix ; on y vénère un morceau de la Croix de Notre-Seigneur Jésus-Christ et une épine de sa couronne qui reposent dans un très beau reliquaire d'argent doré, orné de grosses perles et de joyaux en forme d'arbre, sur les branches duquel se trouvent cinquante figures merveilleusement travaillées. Cette œuvre d'art plut grandement à mon illustrissime maître, qui la jugea remarquable.

Le 28 mai, de Donauwerth, nous sommes allés déjeuner et dîner à Weissenburg, située à quatre milles de là. Sur la route, à un mille, on rencontre un monastère de l'ordre de Saint-Bernard, appelé Kasheim, qui jouit de trente mille florins de rente, et possède un vaste et beau cloître qui est entouré de nombreux et agréables logements. Ce couvent fut construit par un comte souabe, et l'abbé, élu par les moines, devait être Souabe.

Il est à remarquer que la Souabe commence où finit le comté de Tyrol ; elle confine à la Suisse et aux bords du Rhin.

Le 29 mai, de Weissenburg, le cardinal se rendit pour dîner à sept milles plus loin, à Nuremberg.

L'on voit à cinq milles de Weissenburg une belle ville forte et murée qui appartient au Margrave de Brandebourg-Anspach[1], (ce n'est pas l'électeur de l'empereur, mais un de ses parents.)

---

1. Casimir de Brandebourg-Anspach, mort en 1527. — Beatis oublie de nous dire que la ville elle-même s'appelle Anspach. On y voit deux belles églises et d'admirables tombeaux.

NUREMBERG

La ville de Nuremberg est superbe, elle est située dans la plaine, mais une partie s'étend sur le flanc de la colline. Elle possède de très belles églises, des rues, des places, des maisons fort élégantes. Ses magasins très nombreux sont bien achalandés de marchandises variées, et spécialement d'une quantité d'objets en fer forgé.

La ville est arrosée par une petite rivière qui alimente un grand nombre de moulins, parmi lesquels beaucoup servent à travailler le fer ; cela très facilement : les roues des moulins, mises en mouvement par l'eau, actionnent les machines qui forgent le métal et fabriquent des fils de fer de toutes grosseurs.

Sur la place principale s'élève une très belle fontaine de pierre sculptée avec de nombreuses figures d'un beau relief ; l'eau y est amenée par trente conduits et jaillit très haut [1]. La ville compte encore bien d'autres fontaines, mais elles sont beaucoup moins belles.

Cette cité, dont toutes les rues peuvent se barrer au moyen de grosses et fortes chaînes de fer, héberge des marchands de toutes les

1. C'est la célèbre Belle Fontaine, élevée sur la place du Marché vers 1390, mais bien fâcheusement « remise à neuf » en 1821.

nationalités et beaucoup de gens très honorables.

Elle est munie d'une artillerie remarquable qui n'est cependant pas aussi belle que celle de Trente ou celle d'Inspruck : il n'y manque pas de grands et de petits fusils, parmi lesquels trois sont triangulaires ; il y a une infinité d'arbalètes et des provisions de tout ce qui est nécessaire, tant en chevaux pour traîner l'artillerie, qu'en pierres, balles et en poudre.

Une provision de charbon remplit une longue et grande maison, de telle sorte que, en cas de siège, l'industrie du fer ne serait pas interrompue faute de combustible. L'arsenal contient encore dix-huit magasins avec trois ou quatre salles pleines de victuailles : il y a du blé, du seigle, un peu de froment. Nous avons visité l'un de ces bâtiments ; les autres étant pareils, nous avons pu conclure que la quantité des munitions est incroyable. On nous fit voir du seigle datant de plus de cent ans, que l'on conserve en cave, et qui fut montré également au cardinal d'Este [1], lorsqu'il vint visiter Nuremberg à la fin du pontificat de Jules II, d'heureuse mémoire.

Hors des portes de la ville, à cent pas en-

1. Hippolyte d'Este, cardinal depuis 1493, mort en 1520.

viron, il y a cinq rangées d'arbres appelés
Linden[1] par les Allemands. Ils sont très grands,
leur feuillage ressemble à celui du mûrier ; ils
donnent une ombre très douce et leurs fleurs
blanches répandent un parfum très suave, mais
ne donnent pas de fruits. A leurs pieds, la
prairie est bien taillée en plates-bandes du plus
joli vert. Dans ce quinconce, l'on voit quatre
fontaines, si bien placées que le coup d'œil est
le plus ravissant qui se puisse imaginer.

En Allemagne et en Flandre, on rencontre
partout des tilleuls, mais spécialement sur les
places publiques auxquelles ils procurent des
ombrages rafraîchissants. En Italie, cet arbre
est complètement inconnu ; il en est de même
d'un autre arbre appelé mélèze, dont le feuillage a une vague ressemblance avec celui du
sapin. Le mélèze pousse en abondance dans les
forêts et les contrées montagneuses.

A Nuremberg, mon illustrissime maître commanda des montres et des objets de fer et de
cuivre pour une somme d'argent importante.

Dans cette ville on voit la couronne de Charlemagne ; elle est en or, couverte de pierres
précieuses, on admire aussi son épée dans un
fourreau de velours rouge, et celle de saint

1. Tilleuls.

Maurice qui fut, dit-on, donnée à ce saint par un ange, et bien qu'il y ait dans la ville un nombre incalculable d'armuriers, aucun n'a pu découvrir en quel métal elle était faite. On peut voir encore le globe impérial de Charlemagne, surmonté de la croix, et on vénère une épine de la couronne de Notre-Seigneur, ainsi que la pointe de la lance qui lui fut enfoncée dans le côté. On nous a assuré que cette pointe s'adaptait parfaitement au reste de la Sainte Lance qui est conservé dans la basilique de Saint-Pierre de Rome, à l'autel où est enterré Innocent VIII ; on en a fait l'expérience en rapprochant les deux morceaux.

Nuremberg est du diocèse de Bamberg ; c'est une ville libre. On y fait le trafic des fourrures, spécialement du renard blanc, de la loutre, de l'hermine, de la martre que l'on fait venir de Moscou et des bords de la mer du Nord. Elle est souvent en guerre avec le Margraviat de Brandebourg qui confine à son territoire. On raconte que le margrave marcha plusieurs fois contre elle, et que, bien qu'il fut un prince puissant et l'ait assiégée vigoureusement, chaque fois il fut repoussé et dut lever le siège.

DE NUREMBERG A CONSTANCE

Le 1er juin, c'était le lundi de la Pentecôte, nous quittâmes Nuremberg dans l'après-midi pour nous diriger vers Constance et, retournant par la Souabe, nous sommes allés dîner à Gunzenhausen, ville éloignée de six milles, qui appartient au margrave de Brandebourg.

De là, le 2 juin, nous avons gagné Nordlingen où nous avons pris nos repas ; c'est une ville murée et libre qui se trouve à cinq milles ; à trois milles de Gunzenhausen, on rencontre la ville murée d'Ottingen qui est un comté.

De Nordlingen, le 3 juin, nous allâmes déjeuner et dîner à Lauingen, patrie d'Albert le Grand[1]. On y voit son portrait modelé dans la terre sur la façade d'une tour qui fut construite en souvenir de lui par une comtesse souabe. appelée Gisèle. Quant à la maison où il naquit, elle a été transformée en église et dédiée à la Sainte-Vierge ; elle se voit encore et on y célèbre souvent par dévotion le saint sacrifice de la messe. A Lauingen vit un frère ermite Augustin qui se nomme Gaspar Amonius, c'est un homme très fort en hébreu, en grec et en

1. Fameux théologien et savant du moyen âge (1193-1280).

latin ; il a traduit le premier de nombreux passages de la Sainte Écriture.

Cette ville, qui appartenait autrefois à l'empereur, est située à cinq milles du Palatinat. Hors de ses murs coule le Danube, qui prend sa source à cinq milles allemands de là et coule à travers de nombreuses localités. Le pays est plat, nous l'avons traversé avec quelque crainte et accompagnés par des soldats d'Augsbourg, car la nouvelle s'était répandue que dans la forêt se cachaient cinquante brigands montés et armés.

Le 4 juin, de Lauingen, nous allâmes déjeuner et dîner à Ulm en Souabe, ville libre et peuplée, située à six bons milles ; nous n'avons pas pris la voie ordinaire, mais une route détournée, à cause de la même peur dont j'ai parlé. L'église principale est très grande et très belle[1]. Le Danube traverse la ville et inonde ses fossés.

Sur la route, à deux milles de Lauingen, est la ville murée de Günzburg, propriété de la Maison d'Autriche, et, à un demi-mille de Günzburg, une autre ville : Leipheim. Ulm dépend du diocèse de Constance.

Le 5 juin nous avons été déjeuner et dîner à Biberach, ville libre du même diocèse, qui se

1. C'est la cathédrale d'Ulm, l'un des chefs-d'œuvre du style gothique en Allemagne.

trouve à quatre milles d'Ulm. Sur la route nous avons traversé quelques villages de peu d'importance ; il est entendu que toutes les villes ou les lieux dont je parle sont dans la plaine, à moins que je ne signale qu'ils se trouvent dans la montagne.

Le 6 juin, de Biberach, nous sommes allés à quatre milles plus loin, à Ravensburg, pour déjeuner et dîner. C'est une cité libre du diocèse de Constance.

Au milieu de la route on rencontre la ville de Woldsee où le cardinal donna des ordres et laissa des arrhes pour qu'on lui fabriquât des flûtes, des fifres et des instruments à vent, que l'on travaille à merveille dans cette ville.

De Ravensburg nous nous rendîmes, le 7 juin, pour dîner, à Constance, qui est à quatre milles.

Nous avions déjeuné à Meersburg située sur le lac. De là nous nous étions embarqués avec toutes nos montures pour Constance qui n'est qu'à un demi-mille allemand par cette voie, tandis que, par terre, il faut compter plus de quatre milles ; nous y sommes restés deux jours.

CONSTANCE, SCHAFFHOUSE, BALE

Constance est très gaie, elle côtoie le lac dans sa plus grande partie ; on y entre par un beau et grand pont de bois sous lequel commence le Rhin. Bien que ce fleuve ait sa source à cinq milles au-dessus du lac, il ne prend son nom qu'à sa sortie de celui-ci et, un mille plus loin, il reforme un autre petit lac au milieu duquel est une île ; puis il continue son cours normal. Le lac de Constance est très beau et agréable. Il a huit milles allemands de longueur et deux de largeur.

A Constance, les femmes sont belles [1], très gaies, et leur conversation est charmante. Dans la cathédrale, qui a été reconstruite et qui est vaste et belle, on voit beaucoup de reliques et de riches objets d'or et d'argent, parmi lesquels deux croix ayant environ six palmes chacune, tout en or massif, et beaucoup de châsses d'or ; une cassette ou reliquaire contenant les ossements d'un martyr mesure quatre palmes, elle est en or pur avec une infinité de joyaux, dont chacun est d'un très grand prix. Le couvercle de ce reliquaire, d'après ce que disent les cha-

1. Tafur vit à Constance une femme d'une telle beauté qu'il se demandait s'il était possible qu'une créature humaine puisse être aussi belle... (*Voyages de Tafur*, p. 520.)

noines de l'église, est en or d'Arabie, d'un travail aussi ingénieux que remarquable, dont la
seule confection coûta trois mille florins. On
admire encore deux dessus d'autel complètement en argent, longs de huit palmes chacun et
larges de cinq. Près de l'église est une grande
et belle bibliothèque dans laquelle, parmi bien
d'autres choses, se trouve un très bel astrolabe.
Les chanoines font faire un orgue en étain de
plus de trente palmes, qui, d'après le constructeur, donnera le son de treize instruments qu'il
nous nomma ; la majeure partie des tuyaux,
qui seront au nombre de trois mille quatre
cents, est déjà achevée. Le plus grand de ces
tuyaux mesure cinq palmes de tour, Sa Seigneurie le fit mesurer par un de ses domestiques,
nous donnant ainsi une idée de ce que sera
cet orgue lorsqu'il sera terminé; ce sera certainement le plus considérable qui ait jamais
existé. Nous en avons demandé le prix au
constructeur, il ne coûtera pas plus de deux
mille florins; en Italie, il en coûterait dix mille[1].

La salle où se tint le Concile est près de la
sortie principale du lac, on y visite maintenant
les marchandises qui viennent par eau et elle

---

1. L'orgue de la cathédrale de Constance a été refait en
1680 : mais le trésor de la vénérable église garde encore
les richesses qu'y a vues Beatis.

sert de douane[1]. Cette ville est impériale ou libre, ce qui veut dire la même chose. Près de la sortie du lac, une sphère, tracée dans un mur, indique les douze mois de l'année, sous lesquels sont peints les poissons bons à manger dans chaque mois.

Le 10 juin, de Constance, nous sommes allés déjeuner et dîner à Schaffhouse, à trois milles plus loin, chef-lieu d'un canton de la Suisse, située sur la rive droite du Rhin. Nous y sommes arrivés par un beau pont de bois qui conduit à la porte de la ville.

Schaffhouse n'est pas grande de tour, elle est étroite et populeuse. On y trouve un monastère de l'Ordre de Saint-Benoît qui possède un crucifix, le plus grand qu'on ait jamais vu. Il est connu dans toute l'Allemagne et un proverbe allemand dit : « Grand comme le Dieu de Schaffhouse ». Je dois noter ici que les milles suisses sont le double des milles allemands.

Le 11 juin, jour de la Fête-Dieu, nous partîmes à midi de Schaffhouse pour aller dîner à Laufenburg, construite sur les deux rives du Rhin, ville impériale du diocèse de Constance

---

1. On voit encore cette salle dans l'ancien *Kaufhaus,* curieux édifice construit en 1388, mais le Concile ne s'y tint pas ; ce fut seulement le Conclave qui y eut lieu, pendant le Concile de 1417.

dont elle est éloignée de quatre milles. A un mille italien de Schaffhouse, on voit les chutes du Rhin, au milieu de rochers abrupts[1]. Il y a aussi, à un mille de cette cité, une ville nommée Neunkirchen ; à un mille plus loin, une autre, dite Tiengen, et, à trois milles, une autre encore, Waldshut : nous avons traversé les deux dernières.

Laufenburg n'est pas très grande, elle possède un pont de pierre sur le Rhin qui relie les deux côtés de la ville ; près de là, il y a les Rapides du Rhin qui se brisent sur la pierre avec grand fracas. Par le pont on passe sur la rive gauche du fleuve, où se trouvent la majeure partie des habitations. Le Rhin commence à être navigable en cet endroit jusqu'à l'océan. Là aussi commence la pêche du saumon, nous en avons mangé deux très grands.

Le 13 juin, de Laufenburg où nous restâmes un jour pour reposer les chevaux, nous sommes allés déjeuner et dîner à Bâle, éloignée de quatre milles ; et, à mi-chemin, nous avons trouvé une cité sur le Rhin appelée Rheinfelden qui

---

1. « La chute du Rhin est à une lieue de Schauhouse. La masse du fleuve tout entière tombe là d'une hauteur de septante pieds... A l'endroit le plus épouvantable de la chute, un grand rocher disparaît et reparaît sous l'écume, comme le crâne d'un géant englouti, battu depuis six mille ans de cette douche effroyable. » (VICTOR HUGO, *le Rhin*.)

possède sur ce fleuve un long et large pont de
bois.

Bâle est chef-lieu d'un canton de Suisse, elle
est grande et très fortifiée, munie de murailles
et de fossés, située dans la plaine. A un endroit,
les fortifications manquent, et le Rhin passant
là lui sert de défense. Dans la ville un pont
en bois très large et très long, appuyé sur des
piliers de maçonnerie, est jeté sur le fleuve.
Et, sur la rive droite que l'on gagne par ce
pont, on trouve beaucoup de maisons et de
belles rues, mais elles ne sont pas habitées par
des gens aussi aristocratiques que ceux de la
Cité ; on appelle ce côté : le Petit-Bâle. Bâle
est du diocèse de Constance.

Cette ville possède une bonne artillerie et
principalement douze pièces très grosses et
travaillées avec art. Les Suisses, l'ayant prise à
l'empereur, en sont très jaloux et la gardent
bien.

Le Concile de Bâle se tint dans l'église cathédrale.

De là nous partîmes par eau, le 14 juin, dès
la pointe du jour ; nous étions dans un premier
bateau avec le cardinal ; les chevaux et les palefreniers suivaient dans un second. Le soir, au
coucher du soleil, nous arrivions à Strasbourg.
Notre trajet par eau avait été de vingt bons

milles, il n'y en a que quatorze par terre. Nous avions déjeuné dans les bateaux, avec des provisions achetées à Bâle.

STRASBOURG

Strasbourg est située dans la plaine non loin du Rhin, qui passe à un demi-mille italien de la ville. Nous avons néanmoins pu y arriver par eau, au moyen d'un canal creusé artificiellement, qui vient du Rhin et passe au milieu de la ville : il est d'une telle largeur et possède une telle quantité d'eau qu'il fait penser au Grand Canal de Venise. Strasbourg est grande et bien habitée, avec des places et des rues très belles, des maisons qui pour la plupart sont en pierre. Elle est impériale, et possède une artillerie considérable et des provisions de froment, de seigle, et d'avoine.

Par-dessus tout le reste, la cathédrale est admirable, très vaste, couverte de plomb. On y voit un grand orgue perfectionné et un campanile qu'ils appellent une tour : très haut, bien plus haut que la coupole de *Santa-Liberata* à Florence, ou que la tour de *l'Asinella* de Bologne, même que le campanile de *San-Marco* à Venise et que n'importe quel autre édifice d'Italie que j'ai visité ou dont j'ai entendu parler. Il est on ne peut plus ingénieusement travaillé, tout blindé de fer, et, à l'intérieur, les pierres sont scellées, de sorte que dans cet ouvrage, il n'y a pas un grain de chaux ; cela donne à l'édifice l'apparence le plus superbe que l'on puisse imaginer. On peut y monter facilement sur les quatre côtés par un escalier tournant. Sa Seigneurie monta jusqu'au milieu, et nous comptâmes jusque là-haut plus de huit cents marches d'une palme de hauteur chacune.

Nous sommes restés deux jours à Strasbourg : nous en sommes partis le 17 juin. Pour quitter la ville par terre, il faut traverser le Rhin, qui s'étale en grande largeur, comme en bien d'autres endroits, sur un pont de bois long d'un demi-mille italien.

SPIRE, WORMS, MAYENCE, LES BORDS DU RHIN

Nous allâmes déjeuner et dîner dans une ville appelée Rastatt, éloignée de six milles ; il y a sur le chemin deux villes qui ont peu d'habitations.

Le 18, de Rastatt, nous nous rendîmes à Spire, distante de huit milles, afin d'y prendre nos repas, et à un mille italien de cette ville, nous avons traversé le Rhin dans une barque.

Si Spire n'est pas une grande ville, on ne peut pas non plus l'appeler petite ; elle est bien habitée et possède une belle cathédrale couverte en plomb, avec un bel orgue ayant de nombreux registres. Dans le chœur, on admire un magnifique candélabre de cuivre jaune. Dans le cloître de l'église il y a un mont des Oliviers avec Notre-Seigneur, les disciples et la populace juive taillés dans la pierre en basrelief, les personnages sont de grandeur naturelle. C'est certainement la plus belle œuvre qu'il soit possible de voir. On trouve aussi dans l'église les tombeaux de huit empereurs[1]. Cette ville est impériale. L'évêque[2] est le frère du comte palatin.

Dans la sacristie on remarque un calice tout en agate, extrêmement beau, et une bibliothèque qui contient des objets d'art variés.

Nous sommes restés cinq jours à Spire, attendant le retour du comte Palatin et de François de Sickingen, qui se trouvait dans son château d'Ebernburg, à onze milles allemands de la ville, d'où il devait rapporter des passe-

1. Ces tombeaux, à demi détruits en 1689, ont été restaurés au XIX· siècle.
2. Georges, comte palatin du Rhin, plus jeune frère des princes électeurs du palatinat Louis V et Frédéric I·, né en 1446, évêque de Spire en 1513, mort en 1529.

ports pour que nous puissions circuler avec sécurité soit par eau, soit par terre[1].

Le 23, nous sommes partis pour Worms, à six milles de Spire ; à mi-route est une ville au comte palatin, jusqu'où des cavaliers bourguignons vinrent au-devant du cardinal. Ils étaient à Worms, à cause de la guerre qui avait lieu avec François de Sickingen.

Worms, ville impériale, est grande et belle, située à la même distance du Rhin que Spire ; nous y restâmes deux jours, attendant l'arrivée de l'empereur qui, à ce moment, se trouvait à Francfort. Mais, apprenant que l'empereur était parti de là pour Augsbourg, bien que le cardinal désirât vivement voir Maximilien, il ne voulut pas retourner d'où nous venions et refaire un tel chemin, car il craignait que le roi catholique, pendant ce temps, ne s'embarquât pour l'Espagne. La raison principale du voyage de mon illustrissime et révérendissime seigneur étant de faire la connaissance du roi Charles et de lui rendre visite, arriver près de lui trop tard eût été très contrariant. Sa Seigneurie décida donc de passer en Flandre immédiatement, et à cause de cela, elle écrivit au

1. On sait le rôle considérable qu'allait jouer bientôt, dans l'histoire de la Réforme, le François de Sickingen dont parle ici Beatis.

nonce apostolique, le cardinal Campeggio, qui résidait auprès de l'empereur, pour lui demander de présenter ses excuses à Sa Majesté ; et tout de suite nous continuâmes notre route.

Le 26 juin, de Worms, mon illustrissime maître alla déjeuner et dîner à Mayence qui se trouve à sept milles. A moitié route on rencontre la ville d'Oppenheim.

Mayence est située sur la rive gauche du Rhin, elle est impériale, très grande, et possède de belles églises, de jolies places et d'élégantes maisons. Les rues sont un peu étroites en comparaison des autres villes allemandes. Au temporel et au spirituel, elle dépend de son archevêque. Nous trouvâmes là François de Sickingen dont j'ai déjà parlé ; il était venu avec les sauf-conduits de l'empereur, et en compagnie des électeurs de l'empire qui devaient se rassembler dans cette ville pour justifier son état de guerre avec Worms. Il vint rendre visite à Sa Seigneurie.

Sur les rives du Rhin, dont la largeur est, en cet endroit, une fois et demie celle du Pô, il y avait une infinité de bateaux et de navires d'une certaine forme, couverts, et si grands qu'ils jaugeaient deux cents tonnes chacun.

Emportant nos provisions pour le déjeuner, nous sommes partis le 27 juin par le Rhin dans

deux bateaux, comme lorsque nous étions allés
de Bâle à Strasbourg, et nous nous sommes
dirigés vers Cologne. Nous fîmes halte pour
déjeuner dans la barque un peu avant Coblence,
de l'évêché de Trèves ; cette ville est arrosée
par le Rhin et par une grosse rivière qui vient de
Trèves [1]. Cette rivière a un beau pont dans la
ville, et c'est à Coblence qu'elle se jette dans
le Rhin.

Coblence est jolie, vue de l'extérieur ; je ne
puis parler de l'intérieur, car nous n'y sommes
pas entrés ; nous nous sommes arrêtés à Saint-
Goar, sur la rive gauche du Rhin, pour y passer
la nuit, nous en sommes partis le 28, veille
de Saint-Pierre, pour aller passer la nuit suivante sur la même rive du Rhin, dans une ville
bien habitée et bien fournie, qui s'appelle
Bonn et appartient à l'évêché de Cologne, distante de quatorze milles. La vue que l'on a sur
le Rhin, de Mayence à Cologne, est la plus belle
que j'aie jamais contemplée, et certainement
aucun fleuve n'en présente de semblable. Aussi
je renonce à la bien décrire. Les deux rives du
fleuve sont toutes en vignobles : jusqu'à cinq
milles de Mayence, les collines de chaque côté
sont toutes plantées de vignes, et celles-ci con-

1. La Moselle.

tinuent jusqu'à environ trois milles italiens de
Cologne. Il y a sur les deux côtés, dans l'éloi-
gnement d'un demi-mille du fleuve, deux cents
trente-cinq localités et quinze villes murées
dont les unes appartiennent à l'archevêque de
Mayence, les autres à l'évêque de Cologne, à
celui de Trèves ou au comte palatin ; il y a aussi
beaucoup de petits châteaux construits sur les
collines et fortifiés, comme on en voit un grand
nombre en Allemagne[1], ce sont des gentilhom-
mières privées.

De Bonn, le 29 juin, fête des glorieux princes
des apôtres saint Pierre et saint Paul, après avoir
entendu la messe, nous sommes partis en bateau pour aller déjeuner à Cologne qui se trouve
à quatre milles.

COLOGNE

Cologne est construite dans la plaine, sur la
rive gauche du Rhin, en forme de demi-lune,
elle est plus belle et plus peuplée que toutes
les autres villes de la Haute-Allemagne. Ses
maisons sont généralement de pierre, grandes
et bien bâties. Ses places, ses rues sont bien
taillées, ses églises sont belles et elle possède

---

1. Les fameux *burgs* du Rhin, dont la plupart nous ont
laissé d'admirables ruines.

tout ce qui peut orner une ville. Elle est du domaine spirituel et temporel de l'évêque. Il s'y trouve une infinité de très précieuses reliques, que l'on voit dans la cathédrale, qui est grande et belle. Au-dessus de la porte principale s'élèvent deux tours ou campaniles vraiment superbes[1]. On montre dans cette église les têtes des trois rois : Gaspar, Melchior, Balthasar ; nous les avons contemplées derrière une grille, dans un coffre garni de fer, où reposent aussi leurs corps, d'après ce qu'on nous a dit. Dans une châsse d'or et d'argent ciselée, extrêmement riche et ornée de nombreux joyaux, notamment d'un camée de toute beauté, on vénère le corps d'un martyr[2].

A l'église de Sainte-Ursule se trouve le corps de la sainte avec les reliques des onze mille vierges qui furent martyrisées à l'endroit où s'élève maintenant le couvent des dominicains. Les ossements des onze mille vierges sont partagés, spécialement les têtes, et déposés dans toutes les églises de Cologne et dans beaucoup d'autres églises de la chrétienté.

---

1. Ce n'est pourtant que vers la fin du XIX⁵ siècle qu'ont été achevées les deux immenses flèches de la cathédrale de Cologne, mais d'après un dessin des premiers constructeur de l'église.

2. Ces précieuses reliques, tout de même que celles de sainte Ursule et de ses compagnes, nous ont été heureusement conservées.

Dans l'église Saint-François, desservie par les frères mineurs, repose au milieu du chœur le corps de Jean Duns Scott [1]; la pierre du sépulcre est inclinée et élevée d'une palme. On voit sur cette pierre son portrait en bas-relief coulé en bronze.

Le couvent des dominicains conserve le corps d'Albert le Grand [2], sur la terre devant l'autel principal, dans un sépulcre entouré de deux grilles de fer en demi-cercle. Sous la première est un couvercle de verre à travers lequel on voit le corps revêtu de l'habit de Saint-Dominique; bien que tous les ossements soient dépouillés de chair, ils se tiennent et on se rend compte de l'ensemble du corps; on voit ainsi que Scott était de petite taille et Albert le Grand de haute stature. Dans la bibliothèque du couvent, il y a un manuscrit écrit de la main d'Albert le Grand: *De natura animalium* [3] et la chaire dans laquelle il enseignait [4].

Saint-Pantaléon, monastère de l'ordre de

1. L'illustre moine et philosophe écossais Duns Scott resta peu de temps à Cologne où il mourut en 1308. L'église des Franciscains, ou Minoristes, garde toujours son tombeau. Mais le couvent des Minoristes a été presque entièrement détruit, pour faire place au Musée Wallraf-Richartz.

2. Mort à Cologne en 1280, au monastère des Dominicains.

3. Ce manuscrit a été perdu lors de l'incendie du monastère.

4. Rien ne subsiste plus, à Cologne, du glorieux et vénérable monastère des Dominicains.

Saint-Benoît, garde, avec toute sa chair et ses os, le corps de saint Albin d'Angleterre, mort, d'après le récit des Pères Bénédictins, en l'an 1200 ; Sa Seigneurie le vit et nous tous aussi.

Beaucoup d'autres reliques : des têtes, des bras, des os de martyrs, sont conservées dans les différentes églises de la ville.

Sur un mont appelé Capitole, se dresse une église de la Sainte-Vierge [1], destinée aux chanoinesses régulières, très nombreuses, comme elles le sont dans beaucoup de villes de l'Allemagne et de la Flandre ; elles disent leur office au chœur publiquement ; elles prennent leurs repas en commun, et passent la nuit au couvent ; à part cela elles font ce qui leur plaît, et se promènent le jour, deux par deux, où il leur convient d'aller. Elles ont des servantes et vivent en grandes dames. Celles qui le veulent peuvent se marier légitimement.

On dit qu'à Cologne il y a plus de quinze mille feux, et qu'en un jour, du matin au soir, on peut lever dix-huit mille fantassins bien armés. La ville compte douze couvents de religieux et treize églises paroissiales.

1. C'est l'admirable Sainte-Marie-du-Capitole, un des chefs-d'œuvre du nouveau style roman propre aux bords du Rhin.

MŒURS ET COUTUMES DE LA HAUTE-ALLEMAGNE
CHOSES ET GENS

Puisque Cologne, d'après l'avis général, est le point extrême de la Haute-Allemagne, voisine des Pays-Bas et des Flandres, il me paraît opportun de donner ici une description résumée de ce qui caractérise la Haute-Allemagne.

D'abord il faut remarquer que cinq milles après Vérone, jusqu'à Inspruck, et de là, jusqu'à une journée environ d'Augsbourg, on marche par des vallées extrêmement douces à travers des montagnes abruptes de pierre vive qui s'élèvent jusqu'au ciel. Nous avons retrouvé ces vallées riantes au milieu d'autres montagnes que nous devions franchir pour aller jusqu'à Cologne; on y peut passer très commodément avec des chariots; il en circule constamment le long de ces chemins, car dans ce pays, la coutume est de tout transporter dans des charrettes à quatre roues. Un seul de ces véhicules porte généralement plus de marchandises que n'en contiendraient quatre de Lombardie; ces chariots sont traînés par plusieurs forts chevaux.

Partout on est logé très convenablement; après Trente il n'y a plus de vignes jusqu'au Rhin, et cependant on trouve dans toutes les hôtelleries deux sortes de vins blancs et rouges, fort bons et délicieusement parfumés de sauge, de sureau et de romarin. La bière, en Allemagne comme en Flandre, est la boisson ordinaire. On a de la bonne viande de veau, beaucoup de volaille et du bon pain. Le vin jusqu'à Cologne n'est pas très cher, et le veau est très bon marché, de sorte que partout nous faisions d'excellents repas, tous quatre, pour un ducat d'or.

Il n'y a pas de cheminées autre part qu'à la cuisine, mais partout des poéles dont chacun est pourvu d'une niche de formes variées où l'on place un vase d'étain contenant de l'eau. Les gens aiment beaucoup avoir des oiseaux de différentes sortes dans leurs chambres, ils leur construisent des cages très ornées ; quelques-uns de ces oiseaux, plus apprivoisés, volent en liberté au dehors ou dans la maison. Tout le monde use de lits de plume couverts d'édredons ; on n'y trouve pas trace de poux ou de punaises, soit à cause du froid, soit que cela tienne à une sorte de mixture dont on enduit le dessus et le dessous du matelas. Cette mixture, d'après les Allemands, jouit d'un double mérite : elle est d'abord contraire aux punaises et autres vermines ; en outre, elle rend si agréable la surface des matelas que l'on croirait dormir sur de la fine laine. On n'use de ce procédé qu'en été. Les

lits sont grands et les oreillers aussi, la plume
ne manque pas, il y a une telle quantité d'oies,
en Allemagne, que j'en ai souvent vu quatre
cents d'un seul coup. Dans les chambres, il y a
autant de lits que la pièce en peut contenir, ce
qui est incommode et peu louable. Les pièces
où l'on dort ne sont pas chauffées : il n'y a ni
poêles ni cheminées, la place manquant pour
faire du feu. Quand on sort de pièces bien
chauffées pour venir se déshabiller dans ces
chambres glaciales, la transition est très désagréable ; mais ces lits de plume procurent si
vite une bonne chaleur que les gens ne se préoc-
cupent pas de l'impression de froid qui pré-
cède.

La Haute-Allemagne abonde en bois où poussent surtout des pins et des sapins ; peu d'autres espèces d'arbres ; parmi ces forêts, celle
des Ardennes et celle d'Hercynie[1] sont très
célèbres. La première, bien qu'elle soit française, commence aux bords du Rhin ; l'autre en
Suisse, elle gagne le Danube et côtoie beaucoup de pays. Il faut neuf jours de marche
rapide pour la traverser dans sa largeur et
quarante jours dans sa longueur. Nous ne
l'avons pas traversée à cheval, mais nous avons

1. Ou Forêt Noire.

pris une idée de sa largeur et de son étendue.

Les terres semées ne manquent pas ; les Allemands n'usent pas beaucoup de froment et d'orge ; ils recueillent en quantité le seigle, le blé et les légumes, notamment des pois chiches, gros comme jamais nous n'en avons vu.

L'Allemagne possède un grand nombre de vaches rouges, mais petites, des porcs et des brebis ; ces dernières en petit nombre, probablement parce que le froid et les neiges les empêchent de vivre. Quant aux porcs, il n'y en a guère non plus, car les Allemands ne mangent leur viande que salée. Les fromages sont médiocres. En général, les Allemands ne les aiment que pourris ; ils goûtent entre autres un fromage vert qu'ils fabriquent soigneusement avec des sucs d'herbes, il est si fort et si malodorant que pas un Italien n'en voudrait manger. Nous avons trouvé de bonnes cerises griottes ; remarqué aussi une grande quantité de poiriers et de pommiers portant beaucoup de fruits, mais pas encore mûrs, et quelques pruniers.

Les femmes, quoiqu'elles tiennent leur ménage et leur vaisselle très proprement, sont généralement elles-mêmes très sales, toutes habillées de robes faites d'étoffes grossières ; cependant elles sont belles et fort agréables ; bien que froides d'aspect, on les dit voluptueuses. Pendant toute la saison des fleurs, les jeunes filles aiment à en porter sur leur tête, tressées en couronnes de couleurs variées, surtout les jours de fête. Les garçons qui servent à l'église et les écoliers en portent aussi.

Les dites femmes sont presque toutes déchaussées, celles qui ont des souliers n'ont pas de bas ; leurs jupes courtes et étroites ne sont pas assez longues pour leur couvrir les jambes. Elles portent des mouchoirs noués ou des bonnets plissés sur leurs cheveux relevés en tresses et enroulés autour de la tête, même par les plus grands froids. Les dames de qualité arborent de très grands chapeaux et par-dessus un voile blanc, épais et léger en même temps, qui se porte attaché et baissé. Cette mode est très majestueuse. Pour le deuil, le voile se rejette en arrière et pend entre les épaules sur une longueur de trois ou quatre palmes. Elles portent généralement des robes de serge noire, peu de soie[1]. Elles ont coutume, chaque fois qu'elles voient passer un étranger ou un homme de condition, de se lever de leur siège et de faire la révérence.

Dans tous les hôtels il y a trois ou quatre

---

1. Ces détails sont d'autant plus intéressants qu'en 1500, on n'avait encore jamais rien écrit sur la toilette des femmes.

chambrières jeunes et belles. L'hôtesse, ses filles et les servantes, encore qu'elles ne se laissent pas embrasser comme les chambrières françaises, tendent la main à tout le monde par courtoisie, et se laissent prendre et serrer la taille en signe d'amitié. Elles s'invitent souvent à boire avec les gens, usant d'une grande liberté de langage et de manières.

Les femmes comme les hommes fréquentent beaucoup les églises dans lesquelles chaque famille a son banc ; toutes les églises sont parquetées et les bancs rangés en ligne d'un côté à l'autre avec un passage au milieu, comme dans les écoles. Le chœur reste vide, il est réservé aux prêtres. Là on ne parle pas d'affaires et on ne s'amuse pas comme dans les églises d'Italie. On suit avec dévotion la messe et l'office divin, tous restent à genoux durant les prières.

L'Allemagne a beaucoup de très belles fontaines et de cours d'eau qui actionnent des moulins. Les poissons des lacs et des fleuves et les bonnes truites ne manquent point. Pas d'hôtesse qui n'ait un ou deux viviers, faits de planches de bois attachées par des clous où l'on garde les poissons vivants ; l'eau des fontaines y coule si bien que les poissons y vivent assez longtemps.

Mon illustrissime maître, dans toutes les villes libres et dans les deux cantons de Suisse que nous traversâmes, reçut les hommages des municipalités, et comme c'est l'usage vis-à-vis des seigneurs, tant spirituels que temporels, elles lui offrirent du vin, du pain et des poissons.

De Vérone à Trente, par la route, on rencontre de mille en mille italiens et peut-être plus souvent, des croix de pierre ou de bois ou même de fer, élevées sur des socles de pierre ou de bois fort bien sculptés. Du côté de Trente, on entretient, sous le ciel libre, sur toutes les routes voisines des villes et des villages, d'immenses calvaires qui représentent en général les deux larrons crucifiés de chaque côté du Christ. Ils inspirent non moins de terreur que de dévotion. A chaque pas on remarque de petites niches creusées dans le bois ou la pierre, qui renferment des Christ avec les deux Maries ou d'autres images du mystère de la Passion, rarement d'autres saints ou saintes que ceux qui furent mêlés à ce mystère.

Les maisons allemandes, bien qu'en bois généralement, sont à la fois pratiques et d'agréable apparence, beaucoup ont des balcons très richement ornés permettant d'observer les rues avoisinantes. D'ordinaire les maisons sont complètement peintes et couvertes de tuiles coloriées avec des armoiries et de belles figures de saints. Les portes, au moins sur la rue, sont habituellement doubles, tout en fer ou en bois très épais avec de nombreuses barres de fer très solides et peintes les unes en rouge, les autres en vert, d'autres en bleu ou en jaune. Les toits, comme ceux des églises, sont en général ornés, hauts et faits en pente raide. Ceux des maisons sont couverts de tuiles, et ceux des églises, de certaines petites lames plates en argile, peintes de couleurs variées et si brillantés que de loin le coup d'œil est très joli. Les clochers sont hauts et très pointus, les cloches sont superbes. Il n'y a pas si petit village qui n'ait une belle église avec au moins une verrière aussi riche et artistique qu'on peut l'imaginer. Pas de tombes dans les églises, sauf celles de personnages célèbres, tous les autres défunts sont inhumés au dehors en des cimetières découverts, mais entourés de murs; il y a dans ces cimetières beaucoup de croix; quelques tombes portent des pierres travaillées, avec des inscriptions et des armoiries en cuivre jaune. On trouve aussi de petits sceaux d'eau bénite fixés à des chevilles de bois.

Quand je vois le culte divin tel qu'on le rend en Allemagne, le profond recueillement des fidèles, tant d'églises neuves qui s'élèvent partout, et que j'évoque nos cérémonies italiennes, nos pauvres églises dégradées et tombant en ruines, j'éprouve quelque envie et je suis navré du peu de religion de mon pays[1]!

Les Allemands sont pour la plupart grands, bien proportionnés, robustes, et ont le teint coloré. Tous, dès leur jeunesse, portent les armes. Ni ville, ni village qui n'ait un lieu désigné où les jours de fête on a coutume de tirer à l'arbalète, au fusil, où l'on manie les piques et tous les autres genres d'armes en usage.

Nous avons trouvé partout beaucoup de roues et de potences, pourvues de nombreux ornements artistiques et chargées d'hommes pendus, quelquefois même de femmes, afin que le public puisse juger de la rigueur des lois. Chose bien nécessaire en de tels pays où l'on ne pourrait pas vivre si les lois n'étaient pas inflexibles, car les nobles habitent hors de la ville, dans leurs châteaux construits en des lieux fortifiés où se cachent de nombreux bandits. Néanmoins, dans les environs du Tyrol, on compte encore beaucoup d'assassinats. Il faut savoir que dans toute l'Allemagne, surtout dans les villes libres, la justice est rendue par des bourgeois de bonne volonté et dignes d'estime. Les

1. Glassberger, dans sa chronique (*Anal. Francesc.*, II, Quaracchi, 1887-439, sq.), raconte qu'il trouve les églises en France en fort mauvais état et peu fréquentées, mais qu'en Allemagne il les voit très soignées et pleines de monde.

nobles, habitant leurs châteaux ou leurs propriétés dans lesquelles ils ont des logements
spacieux, ne viennent à la ville qu'une ou deux
fois par mois. La justice du peuple est sévère
et incorruptible. Deux faits arrivés récemment
à Nuremberg le prouvent.

La coutume y est de payer des impôts qui
reviennent à la commune. Le chiffre en est
fixé à un tant pour cent des revenus. Chacun
apporte donc ce qu'il doit et l'on se fie à sa
conscience, il dépose dans une cassette la
somme en affirmant sous la foi du serment
qu'elle est exacte. Un jour, un des hommes les
plus riches de la ville fut soupçonné de fraude ;
il n'acquittait pas, disait-on, la somme qu'il
devait. On usa d'un stratagème, on lui fit dé-
poser son argent le premier et on vérifia ; en
effet, il n'y avait pas le compte. Immédiatement
l'on s'empara de lui et, malgré les supplica-
tions de sa famille, malgré l'argent qu'il offrait
pour corrompre la justice, il eut séance tenante
la main droite coupée, comme parjure et voleur.

L'autre fait se rapporte à la guerre que sou-
tenait Nuremberg contre le margrave de Brandebourg ; un mauvais citoyen se retira publiquement de la lutte qu'il affectait de dédaigner,
et vint en aide, à diverses reprises, aux ennemis de sa patrie. Le gouverneur de Nuremberg

fut avisé que ledit individu se trouvait dans le voisinage. D'accord avec les gens de son conseil, il ordonna qu'on se saisît de lui ; mais un des parents du traître, qui faisait partie du Conseil, le prévint par lettre ou par intermédiaire de ne pas se faire prendre, car il aurait un mauvais sort. La chose ayant été connue, le conseiller fut appréhendé sur-le-champ et envoyé dans une tour de la ville où, depuis l'heure de son arrestation, personne ne lui a jamais parlé. Lui-même n'a plus revu la lumière du jour, qu'il ne verra jamais plus. Nous avons aperçu la tour où il est enfermé.

Cologne est en progrès sur le reste de l'Allemagne ; on commence à user généralement de cheminées dans les chambres, on y a pratiqué de grandes fenêtres très agréables en été. Dans le reste de l'Allemagne, les fenêtres sont au contraire très petites. Les coutumes et la langue varient un peu, les vêtements, à Cologne, sont plus élégants et la politesse plus grande. Hommes et femmes y sont les plus beaux de l'Allemagne.

Les électeurs de l'empereur sont au nombre de six : les trois prélats de Mayence, Cologne et Trèves ; trois princes temporels : le comte palatin, le duc de Saxe et le margrave de Brandebourg. Quand ils ne s'entendent pas, on recourt au roi de Bohême.

FLANDRE

(BELGIQUE, HOLLANDE, FLANDRE FRANÇAISE)

De Cologne où nous sommes restés deux jours, nous allâmes déjeuner et dîner dans une petite ville assez peu habitée, Juliers, éloignée de six milles ; le 2 juillet, mon illustrissime maître alla déjeuner à Aix-la-Chapelle, à quatre milles plus loin.

Cette ville, construite par Charlemagne, est très belle, grande et forte ; il s'y trouve une église dédiée à la Sainte Vierge, construite en forme ronde et entourée d'arcades soutenues par des piliers ; elle est petite mais fort jolie. Le corps de l'empereur repose dans le mur sous une ogive du côté droit du maître-autel, dans un sarcophage de marbre sur lequel est sculpté un sujet antique d'un travail admirable, représentant des personnages et des chevaux[1].

1. Ce sarcophage, sur lequel des bas-reliefs représentent l'*Enlèvement de Proserpine*, est actuellement dans une des chapelles supérieures de la cathédrale d'Aix-la-Chapelle. Les ossements de Charlemagne en furent enlevés par Frédéric II dès 1215, pour être déposés dans la châsse où ils

Ce tombeau est long de sept palmes et haut de quatre environ, avec deux grilles allant du haut en bas. Le buste de Charlemagne est sur le sarcophage, l'empereur tient la croix d'une main et de l'autre la boule du monde; j'aurais cru que le buste était en bois, mais l'on m'a dit qu'il se bornait à imiter le bois. Cette église recouvre en outre le tombeau du comte Othon III.

La sacristie renferme un reliquaire d'argent qui contient la tête et le bras de Charlemagne, on les vénère comme des reliques, hommage bien légitime envers un empereur si saint et qui rendit à la foi chrétienne de si précieux services. On y voit aussi le cor de Roland[1].

Les chanoines ont édifié dans l'église une demi-coupole ou tribune, très belle, où ils ont installé le maître-autel et le chœur; dans l'espace libre, au milieu, sous la coupole de l'ancienne église, ils ont construit une grande

se trouvent encore. C'est donc par erreur que Beatis dit que les restes du grand empereur sont dans le sarcophage. D'après Victor Hugo (*le Rhin*), c'est en 1166 que Frédéric Barberousse serait entré dans ce tombeau : « Le soldat vainquit l'ombre; le vivant déposséda le trépassé. La chapelle garda le squelette, Barberousse prit le fauteuil de marbre, et de cette chaise où avait siégé le néant de Charlemagne, il fit le trône où est venue s'asseoir pendant quatre siècles la grandeur des empereurs. »

1. On sait que le trésor de la cathédrale d'Aix-la-Chapelle est aujourd'hui l'un des plus beaux qui existent au monde.

châsse en pierre, travaillée de belles figures
sculptées où sont déposées les reliques suivantes : la chemise de la Sainte Vierge, le morceau de toile qui recouvrait Notre-Seigneur sur
la Croix, les bas de saint Joseph, le linge teint
de sang dans lequel fut enveloppée la tête de
saint Jean-Baptiste pour être donnée à Héro-
diade, la danseuse, et beaucoup d'autres reliques qui se montrent tous les sept ans, le jour
de la fête des sept frères martyrs, le 10 juillet;
ce jour-là, il y a indulgence plénière et jubilé;
par une faveur spéciale, il n'est pas besoin
pour ce jubilé de bulle papale[1]. Faveur si ancienne que le pape Alexandre VI ayant décidé
de la supprimer trouva une telle opposition
qu'il y renonça : elle s'est donc maintenue, et
la fête attire un tel concours de gens, spécialement de Hongrois, que l'air en est vicié à plusieurs milles à l'entour[2]. Cette année qui est
celle où la dite faveur est octroyée aux fidèles,
nous en avions déjà rencontré une foule à
Cologne, car le jour de Saint-Pierre on vénère

1. La tradition de ce jubilé s'est heureusement conservée;
tous les sept ans, les fidèles viennent à Aix-la-Chapelle des
quatre coins de l'Allemagne, pour assister à l'exposition
des vénérables reliques.

2. « Une seule exposition de ces reliques, en 1496, attira
cent quarante-deux mille pèlerins et rapporta en quinze
jours quatre-vingt mille florins d'or. » VICTOR HUGO, *le
Rhin*.

toutes les reliques dont j'ai parlé plus haut ; et bien que, pour venir à Aix-la-Chapelle, les Hongrois aient plus de chemin à faire par la voie de terre que pour aller à Rome, ils y viennent cependant en bien plus grand nombre.

MAESTRICHT, LOUVAIN, MALINES

D'Aix-la-Chapelle nous sommes allés coucher le 2 juillet à Maëstricht qui est éloignée de quatre milles. C'est une ville murée considérable ; les façades des maisons sont en bois bien travaillé, elles sont grandes, leur aspect est fort joli et l'intérieur très commode. Les rues de Maëstricht sont assez larges et bien pavées, les places très belles. Au milieu de la ville passe un large fleuve appelé la Meuse, navigable jusqu'à vingt-cinq milles allemands vers Burgund où il prend sa source pour se jeter dans le Rhin en Hollande.

Il y a à Maëstricht un beau pont de pierre sur la Meuse, et quoique cette ville soit au roi catholique en tant que seigneur des Flandres, à partir du dit pont le temporel et le spirituel dépendent de l'évêque de Liége, toute la ville est de son diocèse. De l'autre côté du pont, sur une jolie place se trouve l'église principale dédiée à saint Servais [1], vaste et belle, avec un chœur assez élevé sous lequel est une belle crypte avec une voûte soutenue par des colonnes de pierre, c'est là que repose le corps de saint Servais. Dans le chœur, on remarque un cierge de cire d'un travail très curieux et véritablement artistique ; je n'en ai jamais vu de plus beau, ni même de pareil.

Le 3 juillet, de Maëstricht, nous somme allés à sept lieues plus loin pour déjeuner et diner à Diest, imposante ville murée ; les femmes y sont généralement très belles.

De Diest, nous nous sommes rendus le 4 à Louvain où nous avons pris nos repas. Ville murée très importante, Louvain est traversée par de nombreux canaux qui ont le flux et le reflux suivant le marée. Les places et les rues sont d'agréable aspect. L'église, vaste et superbe, possède un orgue excellent. Quant à l'Hôtel de Ville, situé sur une grande place, nous n'en avons pas vu d'aussi beau dans tout le cours de notre voyage. Il est travaillé d'une façon admirable, tout en pierres, sculpté du haut en bas de feuilles très légères et très fines retombant les unes sur les autres, comme on fait dans ce pays [2].

1. C'est encore la plus grande et la plus belle des églises de Maëstricht.
2. Peut-être, en effet, le style gothique « flamboyant » ne

L'Université de Louvain est pourvue de toutes les facultés, et d'après ce que nous ont dit les habitants, elle compte six mille étudiants.

On voit encore ici un beau tombeau de cuivre jaune qui a été fait pour l'évêque de Cambrai, qui habitait Louvain [1].

A une portée d'arbalète hors des portes de la ville, Monseigneur de Chièvres [2] possède un beau palais ; il en a un autre dans la ville, où loge en ce moment son neveu le cardinal de Croy [3], appelé aussi cardinal de Cambrai, car il est coadjuteur de l'évêque de Cambrai.

Le 5 juillet, de Louvain, nous allâmes déjeuner à Malines, éloignée de quatre lieues, superbe ville, très grande et très fortifiée. Nulle part nous n'avions remarqué de rues plus spacieuses et plus élégantes, elles sont pa-

nous a-t-il rien laissé de plus beau que cet Hôtel de Ville de Louvain. L'église Saint-Pierre, toute voisine, a été malheureusement dépouillée de la plupart des chefs-d'œuvre qu'elle renfermait.

1. Jacques de Croy, évêque de Cambrai, mort en 1516.

2. Guillaume de Croy, seigneur de Chièvres, d'abord gouverneur, puis conseiller de Charles-Quint, né en 1458, mort en 1521.

3. Guillaume de Croy, comme évêque de Cambrai, fut nommé cardinal-diacre par le pape Léon X en 1517 ; plus tard, après la mort du cardinal Ximénès, il fut aussi administrateur de l'archevéché de Tolède. Il mourut en 1523 d'après les uns, en 1521 d'après d'autres (*Ciaconius*, III, 346). Le chapeau de cardinal lui fut remis le 12 juillet 1517 à Middelbourg en présence du cardinal d'Aragon, comme on le lira plus loin.

vées de petites pierres et les côtés s'inclinent
en pente légère, de telle sorte que l'eau et la
boue n'y demeurent jamais. Devant l'église
principale qui est très belle [1], se trouve une
place plus longue et beaucoup plus large que
le *Campo dei fiori* de Rome, toute pavée de la
même manière que les rues. Un grand nombre
de canaux, dont les eaux suivent le mouvement
de l'océan, traversent la ville. La princesse Marguerite [2], fille de l'empereur et tante du roi
catholique, tient sa cour à Malines une partie
de l'année, et l'autre partie du temps elle réside à Bruxelles.

ANVERS

De Malines nous avons été souper à Anvers,
éloignée de quatre lieues.

C'est une ville très peuplée [3], et les marchands italiens affirment qu'on y ferait des affaires aussi importantes que dans notre ville de

1. Cathédrale Saint-Rombaut. — Beatis aura encore bientôt
l'occasion de revenir à Malines.
2. Marguerite d'Autriche, fille de Maximilien Ier, née en
1480, morte en 1530, épouse en 1497 Jean, fils de Ferdinand
le Catholique; veuve la même année elle se remarie en 1501
avec Philibert II le Beau, duc de Savoie, qui mourut en 1504.
Son père la nomma en 1506 gouvernante des Pays-Bas.
3. D'après Tafur, Anvers avait, en 1438, environ six mille
citoyens et à peu près trente mille habitants. Quirini donne,
dans sa relation de 1506, pour Anvers et Bruges vingt-cinq
mille foyers.

Bologne. Les rues sont belles ainsi que les
places, les maisons sont généralement de pierre,
il y a une superbe église dont la tour, lorsqu'elle sera finie, vaudra celle de Strasbourg[1].
Les canaux qui sillonnent la cité sont très commodes.

A Anvers il y a une foire qui commence le
jour de la Pentecôte, dure six semaines et
même plus longtemps lorsqu'on désire la pro-
longer ; sans aucun doute c'est la première du
monde pour le choix et la quantité des marchandises. Une autre foire semblable se tient
en septembre. Celle de la Pentecôte touchait à
sa fin quand nous visitâmes Anvers et, quoique
les Hollandais fussent partis, parce que le duc
de Gueldre était subitement entré en Hollande
où il avait mis le feu à une ville, l'opulence
générale, l'affluence de gens et d'objets étaient
encore telles que nous en fûmes remplis d'admiration.

Près de la ville s'avance un bras de mer
large d'un mille italien dans lequel se jette un
grand fleuve : l'Escaut, qui arrose le Brabant
et la Flandre. Anvers a un beau port avec un
nombre infini de vaisseaux ; une belle place

1. Sans valoir celle de Strasbourg, la tour de Notre-Dame
d'Anvers est vraiment la plus belle que possède la Belgique.

semi-circulaire bien pavée longe la mer, ce qui rend très facile le chargement et le déchargement des marchandises des navires. L'eau étant très profonde, ils peuvent, si gros soient-ils, accoster à la rive. Les pêcheurs d'Anvers sont favorisés : nous avons vu prendre en une seule matinée, outre les poissons de mer et les saumons qui abondent, quarante-six esturgeons, quelques-uns si énormes que les charrettes, malgré leur taille, n'auraient pas pu en porter plus de deux.

D'ANVERS A MIDDELBOURG

Le 10 juillet, d'Anvers où nous étions restés quatre jours, nous partîmes après déjeuner pour coucher à Berg-op-Zoom, ville murée assez agréable située à six lieues de là : elle appartient au prince de Berg et est du diocèse de Cambrai.

Le 11 nous laissâmes nos chevaux à Berg-op-Zoom pour nous embarquer dans un port éloigné d'un mille italien : il s'y trouvait beaucoup de barques et d'autres navires, le bras de mer en cet endroit atteint près de trois milles italiens de large et alimente plusieurs canaux de la ville.

L'embarquement n'eut lieu qu'entre une

heure et deux heures de l'après-midi, car il
fallait attendre la marée, ce qui est indispen-
sable pour pouvoir naviguer dans les canaux.
Nous n'emmenions que deux chevaux pour
l'usage de Sa Seigneurie. Un vent contraire
nous arrêta à peu de distance de l'île de Zélande
où se trouvait le roi catholique et nous fûmes
contraints de descendre sur la digue et de nous
rendre en voiture à deux milles italiens plus
loin, jusqu'à l'extrémité d'une certaine langue
de terre qui se trouve en face d'une ville murée
appelée Vere ou Campvere, située à l'extrême
partie de l'île de Zélande. Une chaloupe de
navire nous conduisit dans cette ville où nous
arrivâmes à trois heures du matin avec l'évêque
de Cordoue [1], principal chapelain de Son Altesse.

Le 12 juillet, de Campvere nous allâmes de
bon matin en voiture à Middelbourg, ville de
la même île ; c'est là que le roi Charles [2] attendait le moment de s'embarquer pour l'Espagne.

1. Alphonse de Manrique, évêque de Badajoz; en 1516,
de Cordoue; en 1524, de Séville; fait cardinal par Clément VII; en 1531, mort en 1538. Son mémoire du 8 mars 1516
au cardinal Ximénès a été donné par Gachard dans le texte
espagnol original et en traduction française : *Mémoire sur
Charles-Quint et sa cour. adressé en 1516 par l'évêque de Badajoz au cardinal Ximénès de Cisneros : Bulletin de la com-
mission royale d'histoire* (1845).

2. Charles I⁼ʳ, roi d'Espagne, qui devint empereur d'Allemagne en 1519 sous le nom de Charles-Quint, né en 1500,
mort en 1558.

Dans la dite ville qui est grande, belle et forte, entre un vaste canal d'eau de mer. A cause de la présence du roi catholique nous y sommes restés dix jours.

MIDDELBOURG
VISITE AUX PRINCESSES ET A CHARLES-QUINT

C'est un dimanche que mon illustrissime maître arriva. Escorté du seigneur prieur de Castille, du marquis de Pescaire[1], de l'évêque de Cordoue et Badajoz, de beaucoup d'autres seigneurs et chevaliers espagnols et italiens, parmi lesquels l'ambassadeur de Naples qui se trouvait à la Cour en ce moment, il alla rendre visite à Son Altesse. Il fut reçu avec beaucoup d'honneur par le roi qui lui fit un accueil aussi bienveillant qu'amical. Sa Seigneurie assista avec le roi Charles à la messe chantée dans l'église des Bénédictins qui tient au Palais. Ce Palais renferme de nombreux appartements très commodes ; il y a une grande cour, plantée de rangées de tilleuls, qui appartient au monastère.

Après la messe du Saint-Esprit, le prieur ou abbé du monastère, avec la mitre et la crosse,

1. François Perraut d'Avalos.

chanta en l'honneur du roi catholique. Son Altesse avec mon illustrissime maître, qui selon l'usage était resté auprès de lui dans la petite chapelle, mais assis sur un autre siège, se levant, s'approcha de l'autel principal où le comte de San-Bonifacio de Padoue[1], camérier et nonce apostolique, prononça une petite allocution latine pour présenter un bref de Sa Sainteté à l'évêque de Badajoz, qui en donna lecture tout haut. Ce bref octroyait l'investiture et le chapeau rouge au neveu de Monseigneur de Chièvres, cardinal de Croy ou de Cambrai, âgé de dix-sept à dix-huit ans et moine de Saint-Benoît. Le nouveau cardinal fit un beau discours en latin, remerciant d'abord la Majesté divine, le Siège apostolique, puis le roi catholique et le cardinal son oncle avec beaucoup de respect, de tendresse et de larmes. La cérémonie achevée, Son Altesse avec laquelle, outre les seigneurs flamands et espagnols étaient deux princes allemands, le margrave de Brandebourg[2], et un

---

1. Sur Louis de San-Bonifacio, voir CIAN, *Il cartegiano del conte B. Castiglione*, Florence, 1894, 207.

2. Margrave Jean de Brandebourg. V. *le Journal des Voyages de Charles-Quint* de JEAN DE VANDENESSE (*Collection des Voyages des Souverains des Pays-Bas*, II, 56-61). Il naquit en 1493 et mourut en 1526; vécut à la cour de Charles-Quint depuis 1516, fut nommé par cet empereur vice-roi de Valence, épousa la veuve du roi Ferdinand d'Espagne.

frère du comte palatin [1], reconduisit le nouveau cardinal dans le monastère où mon illustrissime maître et le cardinal son oncle restèrent pour déjeuner avec lui. Près de Sa Majesté se tenait un hallebardier flamand âgé de vingt ans, sans un poil de barbe; il possédait la stature la plus grande et la mieux proportionnée que l'on puisse voir [2].

1. Le comte palatin Frédéric, le futur prince électeur Frédéric II.

2. Il est curieux de voir le même récit de cette cérémonie donnée par LAURENT VITAL dans sa *Relation du premier voyage de Charles-Quint en Espagne (Collection des Voyages des Souverains des Pays-Bas*, II, 34). « Le VIIIe de juillet XVe, XVIIe arriva à Medelebourgh l'évesque de Cambray, second filz du comte de Portiam et nepveu au seigneur de Chièvres, au mand de ses amys, à cause que arrivet estoit ung légat, envoyet de par le pape, qui apportoit ung chapeau de cardinal, comme par bulles dudict sainct-père despeschées plus a plain aparut; lequel chapeau de cardinal iceluy évesque de Cambray rechupt solempnellement en l'église de Monseigneur l'abbé de Medelebourgh, là où estoit présent le roy catholique, nostre sire, madame de Savoie, madame Aliénore, avec plusieurs princes, seigneurs et grants maistres. A laquelle réception y eut une solempnelle messe chantée par les chantres dudict seigneur Roy; et icelle achevée, les lettres de notre Sainct-père le pape furent lutes tout hault, qui contenoient comment nostre Sainct-père le pape, en l'honneur de Dieu, de la vierge Marie, de sainct Pière, de sainct Pol et de tout le court céleste, aussy en faveur de son très chier et bien-aymé filz Charles d'Austriche roy de Castille, avecque le bon rapport que on luy avoit faict de son bien-aymé filz spirituel Guillaume de Croy évesque de Cambray, ensemble de ses bonnes mœurs et conditions, espérant qu'il profitera de bien en mieulx en vertus et bonnes mœurs; à ceste intention, et pour les causes dictes, luy envoyoit un chapeau de cardinal, en le admonestant qu'il en use vertucusement, à l'honneur de Dieu et au salut de son âme, avec plusieurs belles

Le lendemain, mon illustrissime et révérendissime seigneur rendit visite à la princesse
Marguerite, fille de l'empereur, qui semble
avoir trente-cinq ans ; elle n'est pas laide, son

et salutaires doctrines mentionnées èsdictes lettres. Après
que le mystère fut achevé, tel qu'on at accoustumé de faire
en tel cas, le nouveau cardinal de Croy se mist à genoulx
devant le sainct sacrement de l'aultel, comme de ce faire
avoit esté instruict et admonesté. Là feist tout bas ses dévotions, avec (peult-estre) quelque oraison particulière ser-
vant à ce, par laquelle il faict à supposer que en tout humilité remerchioit Dieu de la grâce qu'il luy faisoit, que de les
avoir esleu sans sa déserte... Après il alla remerchier nostre
dict Sainct-père le pape, adressant ses parolles à son légat,
tout en latin, touchant la mémoire qu'il avoit eu de luy et
de l'honneur qu'il lui faisait, sçachant qu'il l'eust bien peu
mieux employer que à luy : mais puisque son bon plaisir
estoit de luy faire cest honneur, il avoit bonne volonté,
Dieu aydant, de soy y tellement conduire que il le trouvera
tousjours son humble et obéissant filz spirituel, prest de
obéir à Sa Saincteté. Après vint à remerchier le roy catholique, nostre sire, en disant : « Sire, en toute humilité vous
remerchie de ce qu'en faveur de mes parens vous a pleu de
tant haituller que de escripre vers le Saint-père, car bien
cognoy que en faveur de Vostre Majesté suis parvenu à
ceste dignité, par quoy me offre toute ma vie à cetre vostre
humble et petit orateur. » Après remerchia ledict légat de
la paine qu'il avoit printe de venir de si loing pour l'amour
de luy : ce qu'il désire luy déservir. Après vint à remerchier le cardinal d'Arragon et les aultres prélatz de l'honneur qu'ilz luy avoient faict en l'accompaignant et assis-
tant; de quoy se sentoit grandement tenu à eulx, en leur
offrant le cas pareil, si jamais de luy avoient affaire. Certes,
comme je l'ouys là dire, ce josne noveau cardinal fist si
bien son debvoir qu'il en fut prisé et estimé, à cause qu'il
n'avoit que environ XX ans d'eage. Après toutes ces choses
achevées, le Roy et les dames retirèrent en leurs logis,
pour aller disner, et le dict nouveau cardinal mena avec luy
en son logis ledict cardinal d'Arragon avec le légat et plusieurs aultres prélatz, avec tout plain de seigneurs et
grants maistres, pour les festoyer. »

allure est vraiment impériale et son sourire plein de charme. Elle s'entretint avec le cardinal assez longtemps et en très bon espagnol.

Le même jour, Sa Seigneurie, rendit visite à Eléonore, sœur du roi catholique. Cette princesse, qui a environ dix-neuf ou vingt ans, a beaucoup de grâce [1].

Le roi Charles me semble très jeune, il paraît avoir dix-sept ou dix-huit ans. Son visage, quoique long et maigre, avec une bouche boudeuse qui reste ouverte lorsqu'il n'y veille pas et dont la lèvre inférieure pend toujours, respire néanmoins la dignité, la grâce et la majesté. Il est de haute stature, ses jambes sont droites et élancées, telles qu'on n'en peut voir de mieux faites [2]. Il monte très bien à cheval,

---

1. Éléonore d'Autriche, sœur de Charles-Quint, née en 1498, morte en 1558; épouse en 1519 Emmanuel le Fortuné roi de Portugal; veuve, elle épouse en 1530 François Ier, roi de France.

2. Tel est Charles-Quint en 1517, à l'âge de dix-sept ans. En face de ce portrait, mettons celui que trace un ambassadeur vénitien en 1555, alors que le souverain n'a plus que trois ans à vivre : « Sa Majesté césaréenne est de taille moyenne, d'aspect grave. Elle a le front large, les yeux bleus et qui témoignent d'une grande vigueur d'âme, le nez aquilin, un peu de travers, la mâchoire inférieure longue et large, ce qui fait qu'elle ne peut joindre les dents et qu'on ne l'entend pas très bien à la fin des mots. Elle a peu de dents de devant et gâtées, les chairs belles, la barbe courte, hérissée et blanche. Elle est très bien proportionnée de sa personne. Sa complexion est flegmatique et naturellement mélancolique. » (Cité par SAINTE-BEUVE, *Nouveaux Lundis*, III.)

au jugement de mon illustrissime maître qui
est très connaisseur. Le roi catholique entend
tous les jours une messe basse et une messe
chantée, il mange très sobrement[1], je l'ai constaté, qu'il soit seul ou en public. S'est-il depuis
adonné au faste ? Je l'ignore, mais à cette
époque, rien dans son train n'était somptueux.
Après le déjeuner comme après le dîner, assis
au milieu de la table, il donnait audience avec
la plus grande simplicité et la meilleure grâce,
à tous ceux qui se présentaient : Monseigneur
l'évêque de Badajoz, un Catalan de naissance,
qui y assistait et servait d'interprète dans
toutes les langues, déclarait en vain que le roi
ne pouvait répondre aussitôt à toutes les sup-
pliques.

Le 17 juillet, mon illustrissime seigneur rendit une nouvelle visite à Sa Majesté. Il s'entretint seul avec le roi durant plus d'une heure ;
le 21 il prit congé de lui et des deux archidu-
chesses.

1. C'était l'opinion des contemporains de Beatis, — entre
autres Brantôme, lequel nous dit que Charles-Quint était
plus sobre que chaste. Mais, d'après Mignet, « ce grand
homme, qui savait commander à ses passions, ne savait pas
contenir ses appétits ; il était maître de son âme dans les
diverses extrémités de la fortune, il ne l'était pas de son
estomac à table ». *Charles-Quint, son abdication, son séjour
et sa mort au monastère de Yuste*, 1862.

A TRAVERS LA HOLLANDE : DORDRECHT, ROTTERDAM, LA HAYE, DLEFT, ETC.

Le 22 juillet, de bon matin, le cardinal quitta Middelbourg en voiture avec sa suite, afin d'aller s'embarquer dans un port, éloigné d'une lieue. C'est de là aussi que le roi Charles devait partir, quelque temps plus tard, pour l'Espagne [1].

Le port de Flessingue est situé près d'une petite ville assez importante ; il contient de nombreux vaisseaux, nous avons vu plus de trois cents bateaux biscaïens, anglais, portugais, flamands et bretons ; de grands navires et une infinité de barques couvertes appelées chaloupes. Nous entendîmes la messe et, après déjeuner, nous nous embarquions pour la Hollande et allions passer la nuit dans une ville appelée Dordrecht qui est murée, très belle et compte trois mille foyers ; elle se trouve à l'entrée de l'île de Hollande. Je dis île, car d'un côté il y a la mer et de l'autre on est séparé de la terre par deux canaux très étroits, surmontés de deux ponts. Dans ces canaux se rejoignent les eaux du Rhin et de la Meuse, avant de se jeter dans le bras de mer qui vient de l'océan.

1. Le roi Charles partit de Flessingue le 8 septembre 1517.

7

Le 23 juillet, nous partions de Dordrecht en bateau pour traverser le Rhin[1] qui coule devant ses murs, ce qui n'est pas sans péril, lorsqu'il y a une tempête de vent. La largeur du fleuve est de près d'un demi-mille italien. Arrivés à l'autre bord, nous montâmes en voiture et une lieue plus loin, nous rencontrions Rotterdam, patrie d'Érasme, personnage très savant en grec et en latin, auteur d'ouvrages importants.

Rotterdam est une très jolie ville de mille huit cents foyers. Nous y avons déjeuné et sitôt le repas, nous remontions en voiture, et, deux lieues plus loin, nous arrivions à une ville très belle appelée Delft, qui compte près de cinq mille maisons. Dans la paroisse principale, on vénère le bras de sainte Marie-Madeleine. Delft est sillonnée de nombreux canaux, larges et profonds.

De là, à trois heures — heure allemande — ou dix-neuf heures — heure italienne — nous remontions en voiture et à une lieue nous trouvions une petite ville sans murs, nommée La Haye, tellement jolie qu'elle ne redoute aucune comparaison.

Bien qu'en Hollande on trouve généralement les plus belles femmes des Flandres, c'est en-

1. C'est plus exactement un bras de la Meuse.

core La Haye qui est privilégiée à cet égard.

La ville compte six mille foyers ; on y voit un fort beau palais du Roi catholique, devant lequel se trouve un petit lac et une belle église. Dans cette journée nous avons fait six lieues.

Le 24 juillet, de La Haye, repassant par Delft, nous sommes retournés à Rotterdam, où nous avons entendu la messe et déjeuné. Continuant toujours notre voyage en voiture, nous rencontrâmes à trois lieues une très belle ville appelée Gouda, riche de quatre mille feux et traversée par un canal très important qui charrie une quantité de gros bateaux ; puis, trois autres lieues plus loin, nous traversions la belle ville de Schoonhoven. Trois lieues encore et nous arrivions dans une fort jolie ville qui termine la Hollande de ce côté ; elle se nomme Gorkum et compte trois mille foyers.

Nous nous embarquâmes sur le Rhin et la Meuse, qui se réunissent à cet endroit, et nous naviguâmes pendant une lieue afin d'éviter les terres du duc de Gueldre, situées à main gauche du fleuve, car la présence du duc et de ses soldats nous effrayait. Nous longions à main droite le Brabant, et, au bout de cette lieue par eau, nous sommes descendu dans une ville appelée Workum, située sur la rive ;

elle n'est ni belle ni grande et appartient au
comte Orna. A la distance de la portée d'une
arbalète est un château fort, au Roi catholique :
il s'élève à la frontière de la Gueldre.

Dans Rotterdam il y a plus de trois cents
navires, et dans le reste du pays plus de mille.
Pendant cette journée que nous avons terminée en couchant à Workum, nous avons fait
douze lieues.

Le 25 juillet, nous partîmes en voiture après
avoir entendu la messe et nous allâmes dîner
dans un village appelé Loon-op-Zand, éloigné
de quatre lieues. Après dîner, nous remontions
en voiture et, au bout de trois lieues, nous
arrivions à Bréda, ville très belle, au comte de
Nassau [1] ; nous y avons couché.

Cette ville compte deux mille foyers. Autour
d'une jolie église, qui est la paroisse principale,
sont plantés treize grands arbres très touffus.
Dans chacun d'eux il y a cinq ou six héronnies
qui contiennent une quantité de hérons jeunes
et vieux, chose très curieuse à voir. Les toits
des maisons, en face de ces arbres, abritent
aussi de ces nids. Quand les petits sont devenus
grands, ils s'en vont et reviennent chaque année

---

1. Le comte Henri III de Nassau, né en 1483, héritier des
possessions hollandaises de son oncle Engelbert II de Nassau. Général de Charles-Quint en Hollande, mort en 1538.

refaire des nids en ce lieu, au grand plaisir des habitants.

Nous sommes restés là toute la journée du 26, attendant les chevaux de selle, qui étaient restés à huit lieues de Bréda, à Berg-op-Zoom, lorsque nous nous étions embarqués pour la Zélande.

Nous vîmes à Bréda un très beau château, celui du comte de Nassau, avec un grand jardin où se trouvent trois carrés garnis de nombreux arbres fruitiers comme en donne ce pays ; ils sont si bien soignés qu'on les admirerait en Italie.

Le 27 juillet, nous quittions Bréda à cheval pour aller déjeuner et dîner à huit lieues plus loin, à Anvers, qu'on appelle en flamand *Antiverpia*.

RETOUR A MALINES

D'Anvers, où nous sommes restés un jour, nous sommes allés déjeuner et dîner à Malines, à quatre lieues plus loin, et tandis que, la première fois, nous y avions seulement pris nos repas et étions partis de suite, nous avons visité presque toute la ville, qui est la plus belle de tout le Brabant et des Flandres comme situation, maisons, rues, etc... Elle est sillonnée

par trois ou quatre canaux abondamment four-
nis d'eau et tous navigables. Il y a encore une
belle et grande église devant laquelle, comme
je l'ai dit lors de notre première visite, s'ouvre
une vaste place [1]. On y voit le palais de la reine
Marguerite, très beau et bien ordonné, quoiqu'il offre peu d'aspect. Il contient une bibliothèque pour les dames, très bien fournie et
riche. Les livres sont tous écrits en français,
couverts de velours avec des fermoirs d'argent
doré. Il y a de beaux tableaux et des peintures
variées, toutes de bons maîtres. On y admire
aussi les bustes en marbre des ducs de Savoie,
celui du mari de la princesse, qui semble avoir
été un très beau jeune homme, comme on le dit
du reste; le buste de la reine Marguerite quand
elle était jeune, buste fait avec beaucoup d'art
et très ressemblant, assure-t-on.

Malines fabrique spécialement des armes de
toutes sortes, et le cardinal en commanda une
quantité qui lui seront envoyées à Rome.

Sa Seigneurie, avec une partie de sa suite,
s'en alla dîner et coucher dans la demeure du
grand fauconnier du Roi catholique, située à
deux milles italiens de la ville. C'est un palais
très bien aménagé et très beau. La campagne

1. C'est l'église Saint-Rombaut, une des plus belles de la
Belgique.

qui l'environne abonde en perdrix ; il est entouré d'eau et on y entre par un pont-levis. Le
fauconnier, qui se nomme Jean de Aa, est un
noble personnage, âgé d'environ soixante ans.

Le 30 juillet, nous partîmes de Malines et de
ce palais, où nous avions tous rejoint mon illustrissime maître, pour aller déjeuner et souper
à Bruxelles, qui est à quatre lieues de là. Sur
la route, à deux lieues, nous avons traversé une
ville appelée Vilvorde, qui possède un beau
château.

BRUXELLES

Très grande et belle, construite dans la plaine
et sur la hauteur, Bruxelles est la capitale du
Brabant. Nous avons admiré le palais de l'Hôtel
de Ville qui a une haute et grosse tour ; devant,
s'ouvre une place très vaste, joliment pavée de
petites pierres, selon l'usage du pays [1]. Dans
tout cet Hôtel de Ville, qui est immense, on peut
facilement circuler à cheval. A l'intérieur il y
a trente-six fontaines, dont quelques-unes jail-
lissent jusqu'à mi-hauteur de la tour. La place

1. L'Hôtel de Ville de Bruxelles est aujourd'hui encore le
plus beau monument de la ville. Quant aux fontaines dont
va parler Beatis, aucune trace n'en subsiste plus dans l'Hôtel
de Ville ni dans tout Bruxelles, — si l'on excepte le célèbre Manneken-Pis, qui semble bien avoir existé dès le
seizième siècle, quoique sa forme présente ne date que du
siècle suivant.

est ornée d'une fontaine superbe, et d'après ce
que dit le bourgmestre, officier principal de la
ville, il y en a trois cent cinquante dans toute
la cité.

On voit encore à Bruxelles le palais du Roi
catholique[1], où naquit son père le roi Philippe[2];
c'est dans une salle très aérée de ce palais que
se tiennent les tournois, quand le mauvais temps
empêche de faire des joutes au dehors, sur la
grande place. A côté du palais s'étend un grand
parc avec des cerfs, des chevreuils, et d'autres
bêtes, puis un jardin qui consiste en un très
grand labyrinthe avec beaucoup d'allées et de
charmilles, larges de plus de deux pas et hautes
de douze palmes, taillées dans d'épais buissons
de verdure dont le feuillage, qui ressemble à
celui du noisetier, est plus lisse et plus brillant, ce qui, en vérité, est d'un effet ravissant. Il y
a là encore un beau jeu de boules organisé dans
un terrain creusé, de façon à ce qu'une nom-
breuse société puisse le regarder facilement.

Dans la partie haute de la ville, nous vîmes
le palais du comte de Nassau, grand et beau,
du genre allemand ; ceux qui ont vu ou entendu
décrire les châteaux allemands trouveront

1. Ce palais occupait l'emplacement où s'élève aujour-
d'hui le nouveau Palais du Roi.
2. Philippe Ier le Beau, archiduc d'Autriche, roi de Castille, né en 1478, mort en 1506.

celui-ci semblable. Situé dans une vaste cour, il a une belle façade. Tout l'intérieur est lambrissé. Il possède quantité de chambres et de salons où l'on admire de très belles peintures : *Hercule et Déjanire*, l'histoire de *Pâris avec les trois déesses*, d'une exécution parfaite, beaucoup d'autres toiles bizarres où l'on contrefait les mers, les airs, les bois, la campagne, etc.

Dans les chambres, on nous a montré des cachettes dissimulées avec beaucoup d'ingéniosité sous des sculptures de bois. Ces sculptures servent aussi à masquer des portes qui conduisent aux chambres voisines, de sorte que, si nous n'en étions pas avertis, nous n'aurions jamais pensé qu'en certains endroits il y eût une porte. Une grande chambre renferme un lit géant, large de trente-quatre palmes et long de vingt-six. Le comte de Nassau l'a fait faire pour ses convives ; ce prince donne de fréquentes orgies, et son plaisir est de faire boire ses invités jusqu'à ce qu'ils ne tiennent plus debout ; quand ils tombent, on les emporte et on les couche sur ce lit.

Nous vîmes aussi la cuisine, qui est immense : au milieu est un mur des deux côtés duquel se dressent des cheminées qui permettent de faire deux feux à la fois.

Le pape Léon [1] fait faire à Bruxelles seize tapisseries pour la chapelle Sixtine qui est à
Rome dans le palais apostolique, la majeure
partie en est de soie et d'or, chacune coûte
deux mille ducats d'or. Nous nous sommes
rendus à l'endroit où on les exécute, et avons
admiré un morceau qui représente *le Christ
donnant les clefs à saint Pierre* [2]; c'est vraiment magnifique; le cardinal disait que ce
serait le plus beau travail de la chrétienté.

Bruxelles compte plus de huit mille foyers.
Les archiducs de ce pays passent pour être très
chasseurs. Il y a une eau excellente, l'air est
frais, la ville étant en partie sur la hauteur,
comme je l'ai dit. Nous y serions restés très
volontiers.

Le 31 juillet, de Bruxelles, nous allâmes déjeuner et dîner à Gand, qui se trouve à dix
lieues. Sur la route, à trois lieues de Bruxelles,
nous rencontrâmes la petite ville d'Assche, qui
appartient au comte de Nassau, et, à trois autres lieues, une assez belle localité nommée
Alost, ville du Brabant, qui est au Roi catholique.

1. Léon X, pape de 1513 à 1521.
2. Ce sont les fameuses tapisseries exécutées à Bruxelles
d'après des cartons de Raphaël (aujourd'hui au musée de
South-Kensington, à Londres). Les tapisseries fort endom-
magées, se voient encore au Vatican.

GAND

Le 1er août nous avons séjourné à Gand, capitale de la Flandre. La ville est très belle et plus importante que toutes les autres, elle a environ vingt mille foyers et sa superficie est de plus de trois fois celle de Naples[1]; nous nous en sommes facilement rendu compte du haut d'une tour où nous sommes tous montés avec Sa Seigneurie par un escalier tournant de plus de trois cents marches. Il y a sur cette tour une magnifique horloge.

La ville n'est pas bâtie dans toute son étendue, car les maisons sont séparées par des prairies et beaucoup de jardins. Quoiqu'elle ne soit pas murée, elle est très forte à cause de trois fleuves qui l'entourent, — ou plutôt quatre, dont deux se réunissent un peu avant la ville ; leurs noms sont : la Lys, l'Escaut, la Lième et la Moere.

Le Roi catholique naquit à Gand et y fut élevé.

La ville possède une université complète.

La principale église paroissiale, Saint-Jean[2], est très belle ; sous le chœur qui est grand et très haut, se trouve une crypte de

---

1. Tafur déclare la ville de Gand une des plus grandes de la chrétienté.

2. La cathédrale s'appelait alors Saint-Jean ; elle a pris le nom de Saint-Bavon en 1540.

même dimension, entourée de nombreuses chapelles. A droite du chœur, dans une chapelle, un tableau porte à ses extrémités deux personnages de grandeur naturelle représentant Adam à droite et Ève à gauche, tous deux sans vêtements. Cette peinture, faite à l'huile est exécutée avec tant de perfection et de naturel, il y a une telle proportion dans les membres, une carnation si bien rendue que sans aucun doute on peut dire que cette œuvre est la plus belle de la chrétienté. D'après ce que disent les chanoines, ces deux personnages sont l'œuvre d'un maître de la Haute-Allemagne appelé Hubert Van Eyck [1]; elle date de cent ans déjà et il semble que le tableau sorte des mains du maître [2]. Le sujet de la composition est l'*Assomption de la Sainte Vierge* [3]. Ce grand artiste ayant été interrompu par la mort, c'est son frère, également célèbre, qui y mit la dernière main.

On voit à Gand beaucoup d'églises et deux

---

1. Hubert Van Eyck mourut en 1426, son frère Jean en 1440.

2. L'*Adam* et l'*Eve*, fragments du fameux retable des frères Van Eyck, sont au musée de Bruxelles. La composition centrale s'est conservée à la cathédrale de Gand. D'autres morceaux du retable appartiennent aujourd'hui au musée de Berlin.

3. Beatis commet ici une erreur singulière. Le sujet principal du retable de Gand est, comme l'on sait, l'*Adoration de l'Agneau mystique.*

grosses abbayes[1] ; elles appartiennent moitié au diocèse de Cambrai, moitié à celui de Tournai. La ville, comme je l'ai dit, est très forte et inexpugnable parce que, s'ils le veulent, les Gantois peuvent inonder et noyer tout le pays à une lieue à la ronde. La Lys traverse Gand, c'est un assez gros fleuve sur lequel sont jetés plusieurs beaux ponts de pierre. On y voit le palais du Roi catholique, qui est entouré d'eau et dans lequel on entre par des ponts[2]. Il y a aussi plusieurs lions, parmi lesquels un mâle très grand ; le cardinal et tous les autres estiment que Florence n'en a pas un de cette taille.

Nous avons quitté Gand le 2 août pour aller déjeuner et dîner à Bruges. Sur la route, longue de huit lieues, nous avons rencontré nombre de villages, mais sans intérêt.

BRUGES

Bruges, bien qu'elle ne soit pas la plus grande ville des Flandres, est sûrement une des plus jolies ; elle appartient au diocèse de Tournai.

1. On peut voir encore, dans un faubourg de Gand, les importantes et magnifiques ruines de l'abbaye de Saint-Bavon.

2. Ce palais, récemment restauré, est aujourd'hui encore l'un des plus admirables vestiges de l'ancienne splendeur artistique de Gand.

En vérité, ses rues, ses places, chacun de ses quartiers, tout est magnifique. Elle est traversée de nombreux canaux larges et navigables sur lesquels sont construits de très beaux ponts de pierre. Elle soutint plusieurs années durant une guerre contre l'empereur Frédéric III, parce qu'elle retenait prisonnier son fils, l'empereur actuel Maximilien, qui était alors comte de Flandre, en raison d'un apport dotal. Bien que cette guerre ait été ruineuse pour la ville, surtout en lui enlevant le marché, qui fut transféré à Anvers, ville moins grande et moins riche, Bruges possède encore beaucoup de marchands, l'industrie et le commerce y marchent à merveille [1] : le trafic des étoffes comme celui des chapeaux. Ces derniers, les uns poilus, les autres aussi lisses que de la soie, sont les plus beaux que l'on fasse en aucun autre lieu du monde.

Bruges est à trois lieues de la mer, à laquelle la relie un canal sur lequel on navigue beaucoup en barque ; mais depuis la suppression de la foire, qui date de bien des années, la

1. Bruges avait depuis longtemps la réputation d'une ville commerçante, témoin le tableau que Huysmans a tracé de Bruges au quatorzième siècle : « Bruges semble plus policée et moins opiniâtre, mais sa superbe égale celle de Gand et son âpreté au gain est pire. Elle est le grand comptoir de la chrétienté... etc. » (HUYSMANS, *Sainte Lydwine de Schiedam.*)

circulation en est interdite aux gros navires.

Pressés par le temps, car nous devions partir le lendemain matin de bonne heure, nous ne vîmes en détail que peu de choses. Nous sommes allés du moins à l'église Notre-Dame, où est le tombeau de l'impératrice Marie, mère du roi Philippe, épouse de l'empereur Maximilien ; il est en cuivre doré, très bien travaillé [1].

DE BRUGES A CALAIS

Le 3 août, de Bruges, son illustrissime et révérendissime Seigneurie alla déjeuner et dîner à Nieuport, qui est située à sept lieues ; sur la route on rencontre pas mal de villages, et à chaque pas des guérites de bergers.

Située sur le bord de la mer du Nord, Nieuport appartient au Roi catholique en sa qualité de seigneur des Flandres. Nous avons déjeuné et dîné à Gravelines, qui est petite et laide, mais pourvue d'une belle église. A une lieue de Nieuport, nous avons commencé à longer la mer à cheval et nous nous sommes avancés sur le sable vers la mer qui était basse, à la distance d'un demi-mille. Ce reflux est vraiment une chose étrange et admirable.

1. Ce tombeau se voit toujours encore à l'église Notre-Dame.

Nous avons continué notre route le long de la mer pendant cinq lieues, jusqu'à une ville nommée Dunkerque, qui appartient également à la duchesse de Vendôme ; de là nous gagnâmes enfin Gravelines en nous éloignant un peu de la mer. Nous en sommes partis le 5 août, pour déjeuner et dîner à Calais.

A la portée d'une arbalète de Gravelines, nous avons traversé en barque une rivière : l'Aa, qui n'est pas très large ; nous n'avons pas pu la passer à gué, parce que ce n'était pas le moment du reflux, et qu'elle n'est pas très éloignée de la mer ; elle sert de frontière entre la Flandre et la Picardie.

Calais appartient au roi d'Angleterre dont la juridiction s'étend jusqu'à Tournai. Ce roi, allié à l'empereur, l'enleva aux Français, la première année du pape Léon [1].

MŒURS ET COUTUMES DE LA FLANDRE
CHOSES ET GENS

Avant de quitter la Flandre pour entrer en Picardie, il me paraît opportun, comme je l'ai fait pour la Haute-Allemagne, de noter ici les

---

1. En 1513. On sait que la possession de Calais devait bientôt revenir à la France.

mœurs et coutumes de la Flandre, patrie du Roi catholique.

La Flandre (par extension la Hollande y comprise) est toute en plaines, sauf Bruxelles qui possède des hauteurs. Je ne pense pas que, sauf Bruxelles, aucune autre ville ait des fontaines, bien que les villes flamandes soient traversées par plusieurs fleuves. On se sert généralement de puits, les eaux en sont douces, et à moitié salées dans les villes du littoral, l'île de Zélande et la Hollande.

On use de chariots comme dans la Haute-Allemagne.

Les villes sont très propres, les places, les rues et les églises sont généralement belles ; beaucoup de maisons ont un jardin avec des herbes, des roses, des giroflées, une profusion de lavande ou nard ; et, à défaut de raisin, on trouve beaucoup de groseilles. S'il y a cependant bon nombre de treilles plantées dans les jardins et dans les rues, le long des portes, elles ne produisent pas de fruits, ou, si elles en donnent, ils sont très tardifs, et naturellement nous n'en avons goûté aucun ; on nous a dit d'ailleurs qu'il n'y en avait jamais de mangeables, car, normalement, ils ne peuvent pas mûrir.

La plupart des maisons ont des façades de

bois, le reste des murs est en briques, comme dans la Haute-Allemagne. Cependant à Anvers, Malines, Bruxelles, Gand, Bruges et autres grandes villes, beaucoup de maisons sont toutes en pierres très bien construites, et celles de bois sont si artistement ouvrées que non seulement elles n'offusquent pas la vue, mais elles la charment. On se sert, pour les planchers et les boiseries des chambres, portes, fenêtres et tout ce que l'on voit en bois, de chêne d'une couleur jaune clair ondé : c'est un bois fort et qui se travaille très bien.

Les lits, moins grands que dans la Haute-Allemagne, sont cependant de plume avec des ornements autour et au-dessus ; ils sont en chêne, fort bien sculptés à jour. Aussi bien dans la Haute-Allemagne qu'en Flandre, les sculptures de pierre et de bois sont faites d'une façon délicate, bien qu'en Allemagne il n'y ait pas de bois de chêne ; celui qu'on trouve en Italie n'a aucune ressemblance avec celui des Flandres, il vient par eau de Russie et des pays de montagnes, et on ne peut pas le travailler aussi finement qu'en Flandre, où l'on s'en sert pour sculpter certaines armoires vraiment superbes que l'on peut voir dans les chambres des habitants.

Toutes les mers, comme je l'ai dit, ont le flux

et le reflux, dont se ressentent les fleuves et les canaux.

Les toits sont généralement couverts de petites lames d'une pierre noire recueillie sur les bords du Rhin, et qui font vraiment une toiture jolie et élégante, de la couleur du plomb.

En Flandre comme en Allemagne, les églises sont généralement voûtées de la façon la plus variée et la plus homogène que l'on puisse imaginer. Elles ont toutes des clochers hauts et pointus et de belles cloches. Les horloges vont de douze en douze heures, commençant à midi ; et avant que les heures sonnent, pour attirer l'attention des habitants, des clochettes solfient quelques airs de musique à trois voix bien accordées ; dans beaucoup d'endroits les dits carillons se font entendre également aux demies [1].

En Flandre, comme en Allemagne et dans tous les pays qui approchent du Nord, nous avons trouvé en été les nuits plus courtes d'une heure qu'en Italie.

Toutes les églises des Flandres ont des candélabres dans le chœur, des lutrins travaillés avec art, et de beaux ornements de cuivre jaune aux autels et dans les innombrables chapelles.

1. Le premier carillon a été inauguré à Alost, en Flandre, en 1483.

Les chaudrons, les marmites, les casseroles, tous les ustensiles de cuisine, sont de ce métal qui vient d'Angleterre, pays qui en produit une grande quantité et en fait l'échange ou la vente.

On y voit beaucoup de vaches et de brebis, mais peu de chèvres, de très beaux pâturages. Les vaches sont bien plus grosses que celles de l'Allemagne ; peu sont rouges, la plupart sont noires, avec des taches blanches, quelques-unes sont toutes noires, d'autres grises avec de petites taches musquées si jolies qu'on regrette de les voir à de tels animaux. La laine des brebis semble de la soie.

Les habitants font de bons fromages dont une espèce, après quelques jours, a le goût du fromage de chèvre ; ils fabriquent un autre fromage vert qu'ils mangent volontiers, on le fait presque complètement avec le suc de plusieurs plantes odoriférantes, comme dans la Haute-Allemagne ; il a un goût très fort. Les chevaux et les juments sont très grands, en Hollande surtout.

En Flandre, outre la grande propreté des vêtements et des personnes, on a si peur de salir même le sol des maisons que, devant toutes les chambres, on met un tapis à la porte fian que l'on s'essuie les pieds avant d'entrer ;

et l'on jette même parfois du sable sur le parquet des chambres afin de le préserver.

Lorsqu'un enfant du sexe masculin naît dans une famille, on le sait à ce signe : sitôt la naissance, on attache un mouchoir au battant de la porte de la maison (l'usage est que toutes les portes aient des battants) et n'importe quel coupable ou malfaiteur, eût-il assassiné mille personnes, qui se réfugie sous ce toit, y est en toute sécurité jusqu'à ce que l'enfant ait été conduit à l'église, ce qui se fait au bout de quarante jours, comme en Italie ; jusqu'à ce moment le coupable est en toute sûreté dans cette maison où la justice ne peut l'atteindre sous aucun prétexte.

Dans toute la Flandre, il y a des choux en quantité, surtout des choux cabus, et en Hollande, d'après ce que l'on dit, quelques-uns sont si gros qu'un seul suffit à charger un homme. En Flandre comme en Allemagne on en fait de grandes provisions, que l'on confit dans le sel ; et, l'hiver, quand tout le pays est couvert de neige, on les mange assaisonnés de diverses façons.

Les femmes mettent généralement sur leur tête, pour sortir, de légers voiles qui viennent de la Hollande ou de Cambrai. Leurs jupes, pour la plupart de serge noire, sont si étroites que l'on voit toutes leurs formes ; elles ont dessous une autre jupe, et, quand elles travaillent, elles relèvent le bord de la jupe de dessus tout autour d'elles et l'attachent par derrière à un crochet de fer qu'elles portent à la taille pour cet usage.

Elles sont toutes grandes et très agréables, blanches et roses avec un teint ravissant ; elles ignorent les fards et autres ingrédients. Elles portent des bas fins avec des pantoufles hautes de deux doigts et des mantelets qui ne couvrent que les épaules. Les vieilles femmes mettent pour la plupart de longues capes avec un capuchon plissé, dont elles ramènent la pointe sur le front d'une manière assez semblable à celle de nos femmes du pays de Bari. Les matrones et les dames nobles portent aussi des manteaux longs de serge noire avec des plis derrière les épaules comme ceux des bigotes [1] italiennes, et c'est certainement un vêtement très joli et très convenable.

En Flandre, comme en Allemagne, les femmes, peut-être à cause du beurre ou de la bière, ont toutes de mauvaises dents, et cependant leur haleine n'est pas mauvaise, car elles sont saines et ont bon estomac. Si quelqu'une

---

1. Confrérie religieuse de femmes.

de ces belles a de bonnes dents, elle peut bien
dire qu'elle est la plus belle de toutes.

A cause du beurre et du laitage dont on use
beaucoup en Flandre et en Allemagne, ces pays
abondent en lépreux; comme en Italie, ils habitent hors des villes.

Les habitants se servent, au lieu de charbon,
d'une espèce de terre[1] qui brûle très bien et
qui se trouve en abondance dans le pays.

Quoique le vin soit plus cher qu'en Allemagne, toutes les auberges en offrent d'excellents blancs et rouges. Il y a de la bonne viande,
des poulets et beaucoup de lapins, peu de perdrix
et de faisans. Pour les assaisonnements, au lieu
de l'huile, qui manque dans ce pays, — sauf
l'huile de noix, — on emploie le beurre. Attendu
que le cardinal avait dans sa suite deux cuisiniers dont l'un allait toujours en avant comme
fourrier afin de préparer les repas, il ne man-
geait pas plus que nous de leur cuisine; cependant deux fois, en Allemagne et en Flandre,
nous avons goûté de la viande et du poisson
apprêtés par eux; nous les avons trouvés bien
moins bons que ceux que les Français préparent,
car ces derniers les assaisonnent de sauces
savoureuses qui les rendent bien meilleurs.

1. Tourbe.

Dans beaucoup de grandes et de petites villes, les maisons qui sont faites en pierres et en briques ont un aspect plus soigné qu'en Italie, avec plus de cheminées, de fenêtres et de portes. Les escaliers, pour ne pas perdre de place, sont généralement tournants ou en spirale, mais très bien faits. En Allemagne comme en Flandre, il n'est pas si petit groupe de maisons de paysans qui n'ait un cadran afin de connaître les heures sans le secours du soleil, au moyen de contrepoids et de roues, comme en ont les horloges, mais qui ne sonnent pas. Partout aussi, il y a une église convenable.

Les fines toiles de Hollande et de Cambrai sont tissées, pour la plus grande partie, dans les monastères de femmes, qui sont très nombreux. Avec le chanvre, qui n'est pas le même que celui d'Italie, mais qui est presque aussi fin que notre lin, on fait d'autres toiles appelées demi-hollande ; elles sont trop grossières et pas assez larges pour l'usage domestique. Ces toiles se fabriquent dans toute la Flandre, bien que les plus belles et la plus grande partie se fassent en Hollande et à cause de cela en portent le nom. Il faut remarquer que, si on ne recevait pas du lin et du chanvre de Russie ou d'autres pays, celui qui pousse dafis les Flandres ne suffirait qu'à une faible partie du travail qu'on y fait. Pour blanchir le lin et le chanvre, on se sert d'eau claire, et on les étend la nuit au serein et le jour au soleil sur les prairies, les trempant et les retrempant plusieurs fois dans l'eau froide et claire en recommençant toujours à les étendre. On coupe le lin et le chanvre encore très verts, et on les fait mûrir dans des eaux fangeuses et putrides. Les femmes, quand c'est le moment de la coupe, ont l'habitude de parcourir les rues en bandes nombreuses, dansant toutes ensemble; elles arrêtent les voyageurs qu'elles rencontrent, les empêchent de passer en les liant avec le dit lin, et ne les laissent aller que lorsqu'ils leur ont donné quelques pièces de monnaie. A la fin de la coupe du lin, cette récolte de deniers sert à organiser une fête et des réjouissances pour tous ceux qui y ont travaillé.

Les Flamands ont une langue ou idiome qui leur est propre, encore que tous sachent parler français ; cette langue est bien plus douce que l'allemand ; beaucoup de mots sont différents, de sorte que les deux peuples ne peuvent pas bien se comprendre entre eux.

Les bières de ce pays sont meilleures que celles de l'Allemagne, et il s'en fabrique une grande quantité. Les moulins à vent sont très nombreux. Il y a beaucoup de griottes, de prunes, de poires, de noix et de noisettes ; des poissons de mer de toutes sortes et fort bons, des moules et des huîtres très fines bien que petites, du poisson d'eau douce en abondance, surtout des esturgeons et des saumons ; du froment, du seigle, de l'avoine en grande quantité, et d'autres légumes secs, spécialement des pois chiches. Le 10 août, le blé et l'avoine étaient encore verts.

Depuis que nous sommes entrés en Flandre, nous n'avons, pour ainsi dire, pas été un jour sans pluie ou sans un vent terrible, de sorte que les mois de juillet et août en Flandre ressemblent au mois de novembre à Rome. Nous avons eu à Spire cinq ou six jours de chaleur, trois jours avant la Saint-Jean et trois jours après, chaleur si excessive qu'elle n'était supportable ni jour ni nuit ; nous n'en avons jamais eu de si fortes en Italie. Tout le reste du temps, nous n'en fûmes pas importunés.

Les gens sont bons et aimables en Flandre comme dans la Haute-Allemagne et surtout d'une telle honnêteté qui si on allait jeter dans leur maison tout l'or du monde, on peut être sûr que personne n'y toucherait.

Les hôtelleries sont fort bien tenues et les

femmes sont si capables qu'elles les dirigent, tiennent les comptes et font tout. De même pour les achats sur les places, pour la vente des marchandises, dans l'exercice public de tous les métiers, les femmes sont aussi bien employées que les hommes.

Les Flamands vont assidûment à l'église, mais de grand matin, même les jours de travail, de sorte que les églises ne sont pas pleines à l'heure des offices ; dans la grande nef aussi bien que dans les bas côtés et les chapelles, il y a de nombreux bancs de bois dans le genre de ceux des écoles publiques. Presque tous portent le nom de leur propriétaire, de sorte que personne d'autre ne peut s'y mettre. On ne circule pas dans les églises, et encore moins y bavarde-t-on comme dans celles d'Italie. Beaucoup de femmes prennent soin des autels et ont la garde des reliques; je n'approuve guère cette habitude, mais elle s'explique par la grande piété du sexe féminin et la bonne foi des gens. Dans toutes les églises paroissiales on dit tous les jours au moins deux messes chantées, celle du saint du jour et celle des morts, et tous les soirs on chante le salut.

Pas d'église qui n'ait une quantité de servants de messe de dix à douze ans. Les prêtres sont très longs à dire leur messe, en quoi ils diffèrent beaucoup des Italiens, et ils la disent si bas que personne ne les entend. Ils ne laissent y répondre que les servants et personne d'autre, et, à la fin de chaque messe, ils donnent l'eau bénite à tous les assistants.

FRANCE

La ville de Calais n'est pas belle, mais elle est très fortifiée. Nous y sommes restés du 5 au 8 août.

Elle est construite dans la plaine, et le port se trouve au nord, l'eau en arrive jusqu'aux fossés de la cité, mais ils sont presque vides au moment du reflux qui est d'un mille italien environ. Les murs de la ville sont énormes et les fossés très larges. Du côté du levant, du couchant et du midi, il y a le même ordre de murailles et de fossés, et de plus un contre-fossé très large avec de l'eau en quantité.

Ce qui rend Calais inexpugnable, c'est que, de la mer, pénètrent dans la ville qu'ils traversent, trois ou quatre canaux souterrains faits comme des égouts. Ils se ferment avec des portes; lorsqu'on ouvre ces dernières, il se répand une télle quantité d'eau qu'en une demi-heure on peut submerger le pays à quatre milles italiens à la ronde.

Le roi d'Angleterre maintient à Calais une garnison de cinq cents soldats à pied, et, en outre des cavaliers, tous manient l'arc et le fusil. Puis, il y a trois forteresses qui toutes sont gardées.

Beaucoup d'Anglais habitent la ville. L'unique porte s'ouvre seulement à deux heures de l'après-midi, et elle se ferme le soir à dix heures, au moment du souper ; elle ne s'ouvrirait pas, fût-ce au roi en personne, le soir après l'heure prescrite ; de même elle reste fermée le matin jusqu'après le déjeuner.

Les Anglais qui résident dans cette ville, à commencer par le gouverneur Messire Richard Wyngfeld et tous les soldats, sont les hommes les plus grands, les mieux faits, et les plus beaux que l'on puisse voir ; d'où l'on peut facilement tirer des conjectures sur la généralité des Anglais. Ils ont grand plaisir à tirer de l'arc ; bien que tous tirent à la cible très adroitement, le gouverneur nous a affirmé que le roi d'Angleterre avait auprès de lui un archer beaucoup plus fort, qui atteint exactement le but en traversant d'un couvercle à l'autre un tonneau rempli de vin ; ceci paraît très difficile, mais n'est cependant pas impossible. Le roi, dit-on, le fait tirer devant tous les gens qui vont à la cour.

Le gouverneur de Calais est un très noble

personnage, connaissant bien l'Italie; il demanda à mon illustrissime maître d'être parrain de confirmation de son fils.

On débarque à Calais toutes les marchandises venant d'Angleterre, et on embarque celles que l'on veut passer dans l'île. Il est de la plus haute importance pour les Anglais de posséder Calais, qui est leur seul port de mer sur le continent. Le roi, comme je l'ai dit, fait garder la ville avec beaucoup de soin et de jalousie; il est interdit aux gouverneurs de franchir, pour quelque nécessité que ce soit, la porte de la ville pendant tout le temps de leur fonction.

Il faut de cinq à huit heures pour passer en Angleterre, et déjà nous avions obtenu le navire qui devait nous emmener et nous devions partir dans la matinée, lorsque le gouverneur, Messire Richard, avertit Sa Seigneurie qu'on mourait en masse dans l'île, d'une maladie très contagieuse appelée la suette, qui tuait les gens en vingt-quatre heures. A Londres, capitale du royaume, elle avait fait en un jour cinq cents victimes. A cause de cette épidémie, le cardinal renonça au voyage en Angleterre, et résolut d'aller trouver à Rouen le Roi très chrétien[1].

Nous sommes partis de Calais le 8 août pour

1. François Ier, roi de France.

aller déjeuner et dîner à Boulogne, située à sept lieues de là. Sur la route, on rencontre quantité de villages.

BOULOGNE

Boulogne, quoique seigneuriale, est sous la juridiction du roi de France. Monseigneur de la Fayette en est gouverneur. C'est une grande ville, bâtie sur un coteau et bien habitée ; au bas se trouve un grand bourg ; elle est du diocèse de Thérouanne. Le roi, comme cette cité est la rivale de Calais, la tient très fortifiée, et les portes en sont terriblement ferrées. Il s'y trouve un château médiocre [1], et une très belle église qui s'appelle Notre-Dame de Boulogne ; c'est la grande dévotion, non seulement des gens de la ville, mais on y vient aussi des environs et même de lieux très éloignés.

La dite église est voûtée, très aérée ; la statue de la sainte Vierge est en bois sculpté de couleur noire, avec l'air très pieux. Autour de son autel, qui se trouve près de la porte du chœur à main droite, il y a trois colonnes de marbre, sur lesquelles sont de très beaux ornements de

1. Le château fut construit en 1231 par Philippe le Hurepel ; il ne reste de cette époque que le souterrain dit *la Barbière* et deux salles à grandes voûtes.

cuivre jaune ; et dans le chœur on voit un candélabre, de laiton également ; nous n'en avions pas vu d'aussi beau depuis Spire. Dans le trésor, nous avons admiré beaucoup de châsses en argent doré avec de nombreuses reliques : des cheveux de la sainte Vierge, du sang de Notre-Seigneur Jésus-Christ, une épine de sa couronne, un morceau de bois de la vraie croix, de plus d'une palme et demie ; un morceau de la première tunique de Notre-Seigneur et beaucoup d'autres reliques de saints ; une assez grande croix, toute en or ; des cœurs en or massif. L'un, de douze marcs[1], fut donné par le roi Louis[2], père du roi Charles[3]. D'autres ex-voto proviennent des duc des Bourgogne, sur lesquels ils sont représentés à cheval, artistement ciselés, en or massif également : les ex-voto sont petits, le plus grand a près d'une palme. Il y a encore dans le trésor une grande Bible qu'on dit avoir appartenu à la sainte Vierge.

Voici dans quelles conditions fut édifiée cette église, au milieu de laquelle pend une grande serre d'oiseau griffon. Il y a neuf cents ans[4], une barque arriva miraculeusement dans le port de

1. Le marc, poids de 245 grammes.
2. Louis XII.
3. Charles VIII.
4. D'après la tradition, ce fut en 633 ou 636.

Boulogne ; elle portait la statue de la sainte Vierge avec toutes les reliques citées. Et pour que l'on construisît l'église où se voit actuellement la dite statue, les gens déposaient des aumônes que l'on recueillait chaque matin, et qui servirent à en élever la plus grande partie[1].

L'Angleterre, que nous avions déjà vue de Calais, se distingue plus nettement des hauteurs de Boulogne ; elle paraît très blanche et longue.

DE BOULOGNE A ROUEN
COUTUMES DE LA PICARDIE

Le 9 août, nous sommes allés de Boulogne déjeuner et dîner à Montreuil, ville de la couronne de France, qui possède trois belles églises, de jolies rues et de vastes places. Dans ces deux villes, hommes et femmes, bien que parlant français, ont toutes les coutumes de la Flandre.

Le 10, de Montreuil, nous allâmes prendre nos repas à Abbeville, terre de la couronne,

---

1. L'église fut complètement détruite ; celle qui s'élève actuellement sur l'emplacement de l'ancienne, date de 1827. Toutefois, dans la crypte, on trouve encore deux parties anciennes : la crypte centrale qui date du douzième siècle et la crypte latérale nord qui a conservé d'anciennes peintures murales. La statue primitive de la Sainte-Vierge, la *Vierge noire*, fut brûlée en 1793 ; la statue qui la remplace date de 1875.

du diocèse d'Amiens. Il n'y a pas de belles
maisons, mais la ville est importante et compte
quatre mille foyers ; elle est traversée par une
rivière appelée la Somme, qui se trouve là à
cinq lieues de l'Océan, et se ressent du flux et du
reflux. Cette rivière est navigable jusqu'à la
mer, depuis bien des lieues au delà d'Abbeville.

Toutes les femmes de ce pays portent, au-
dessus de leurs voiles, des barrettes comme
celles des prêtres ; c'est d'autant plus vilain
que les femmes sont généralement, elles-
mêmes, très laides. Quand la sœur du roi
d'Angleterre [1] vint en France pour épouser le
roi Louis, elle dut traverser Abbeville, et,
ayant reçu une députation des femmes de l'endroit, elle disait en riant que toutes étaient si
entichées et si amoureuses des prêtres que par
amour elles portaient leurs barrettes.

Le 11 août, d'Abbeville, nous sommes allés
déjeuner et dîner à six lieues plus loin, à
Blangy, ville ouverte située dans une vallée,
qui appartient à la couronne : elle est arrosée
par une petite rivière, la Bresle, qui sert de
limite entre la Picardie et la Normandie, de
telle sorte que la ville est moitié picarde, moitié

1. Marie d'Angleterre, sœur de Henri VIII, troisième femme
de Louis XII qu'elle épousa en 1514.

normande ; la première partie est du diocèse d'Amiens, la seconde du diocèse de Rouen. L'évêque de Bayeux[1], qui se trouvait à Blangy, vint au-devant de mon illustrissime maître.

Dans cette ville, les femmes sont laides et ne portent pas de barrettes, mais simplement des voiles blancs, qui sont tissés en Flandre.

La partie de la Picardie que nous avons traversée est en plaines, le pays est joli avec de beaux bois, il est riche en victuailles, on y voit beaucoup de vaches de l'espèce de celles de la Haute-Allemagne et non pas de la Flandre, bien que les provinces se touchent. Il y a des porcs roses et beaucoup de brebis. Les habitants se servent de charrettes traînées par des chevaux. Dans les hôtels, les chambres sont généralement toutes pareilles, chacune a deux lits : un pour le maître, l'autre pour le valet. Les lits ne sont pas beaux, ils sont petits, le bois en est sculpté dans le chêne comme en Flandre, mais de façon bien moins soignée.

Bien qu'à cause des grands froids la vigne ne pousse pas dans ce pays, on trouve dans toutes les auberges des vins rouges qui sont bons, mais chers.

Les femmes sont laides, je ne sais ce qu'elles

1. Louis de Canossa, mort en 1531, évêque de Bayeux de 1516 à 1531.

sont dans le reste de la Picardie, qui est une grande province dont nous n'avons vu qu'une partie.

Le 12 août, de Blangy, nous sommes allés à six lieues plus loin pour déjeuner et dîner à Neufchâtel (en italien *Castello Nuovo*), ville murée, pas très belle, et qui est de la couronne.

Le 13, nous sommes partis après la collation pour aller souper à Rouen, où nous arrivâmes assez tard parce que les seigneurs français ne vinrent pas au-devant du cardinal.

ROUEN

VISITE AUX DEUX REINES ET A FRANÇOIS Iᵉʳ

Nous fûmes installés dans un logement fort agréable, qui nous fut donné par ordre du Roi très chrétien.

Le 14, veille de l'Assomption, à six heures du soir, mon illustrissime et révérendissime seigneur, accompagné du vicomte de Lautrec, du grand écuyer, de monseigneur de Saint-Vallier, parent du roi, et de beaucoup d'autres seigneurs français et gentilshommes italiens, alla rendre visite au roi François qui logeait à l'archevêché. Sa Majesté lui fit grand honneur et bonne réception ; après avoir causé avec Elle dans son appartement, durant une heure environ, le cardinal se présenta chez la reine[1] qui se trouvait dans un autre logement du même palais, en compagnie de la mère[2] du Roi très chrétien et de la sœur[3] de cette dernière, qui était veuve de Julien de Médicis, devenu en l'épousant duc de Nemours.

La reine Claude est très jeune mais de petite taille, laide, et boitant beaucoup des deux hanches. On la dit très vertueuse, charitable et pieuse. Le roi son mari, quoique de mœurs si légères qu'il pénètre volontiers dans les jardins d'autrui et boive l'eau de diverses fontaines, garde cependant à la reine sa femme beaucoup de respect et d'honneur.

Sa Majesté veut aller visiter son duché de Bretagne, car la chose est de grande importance; mais, les Bretons étant ennemis naturels des Français et gens terribles, le roi tremble de peur chaque fois qu'il en parle[4].

La reine mère est très grande, encore belle de teint, très vive et enjouée, elle me paraît

1. Claude, fille de Louis XII et d'Anne de Bretagne, née en 1499, épousa François Ier en 1514, mourut en 1524.

2. Louise de Savoie, mère de François Ier, née en 1476, morte en 1531.

3. Philiberte de Savoie.

4. Le bon Beatis aura pris au sérieux quelque plaisanterie de François Ier, dont on connaît assez l'intrépide bravoure.

âgée de quarante ans environ et l'on peut lui
prédire encore plus de dix ans d'excellente
santé. Elle accompagne toujours son fils et la
reine Claude sur lesquels elle exerce un pouvoir absolu [1].

Le roi François est de grande taille, il a un
bon visage et le caractère le plus gai et le plus
agréable. Il est fort bien dans l'ensemble,
quoique son nez soit trop fort, et, au jugement
général, spécialement de l'avis du cardinal, ses
jambes trop minces pour un corps aussi grand.
Il aime passionnément la chasse et se plaît surtout à forcer les cerfs.

Le jour de l'Assomption, Sa Majesté se con-
fessa et communia comme elle a coutume de le
faire aux diverses fêtes de l'année, obtenant
ainsi le privilège accordé aux rois de France

1. Beatis a bien vu l'affection, toujours en éveil, qui unit
la reine mère au roi son fils. Elle écrit, dans son journal :
« Le jour de la conversion de saint Paul (25 janvier 1515),
mon fils fut oint et sacré en l'église de Reims. Pour ce,
suis-je bien tenue et obligée à la divine miséricorde, par
laquelle j'ai été amplement récompensée de toutes les
adversités et inconvéniens qui m'étaient advenus dans mes
premiers ans et en la fleur de ma jeunesse. Humilité m'a
tenu compagnie et Patience ne m'a jamais abandonnée. »
Et, à propos de Marignan : « Le 13 septembre, qui fut
jeudi, 1515, mon fils vainquit et défit les Suisses auprès de
Milan; et commença le combat à cinq heures après midi,
et dura toute la nuit, et le lendemain jusques à onze heures
avant midi; et, ce jour propre, je partis d'Amboise, pour
aller à pied, à Notre-Dame-de-Fontaines, lui recommander
ce que j'aime plus que moi-même, c'est mon fils, glorieux
et triomphant César, subjugateur des Helvétiens. »

de guérir les pauvres gens atteints de scro-
fule. Les scrofules se dessèchent peu à peu
lorsque le roi les a touchés simplement en faisant sur eux un signe de croix.

Le 16, mon illustrissime maître rendit une
nouvelle visite au Roi très chrétien, à la reine
Claude et à la reine mère, avec lesquels il resta
depuis le dîner jusqu'à dix heures ; à ce moment le roi emmena Sa Seigneurie à cheval, au
jeu de balle auquel Sa Majesté prend volontiers
part, avec beaucoup de seigneurs. La partie terminée, le roi et le cardinal revinrent souper au
palais archiépiscopal ; on y fit bonne chère, puis
l'on donna un bal où dansa le Roi très chrétien.

Le lendemain, Sa Seigneurie alla voir le cardinal de Bourges[1] qui l'avait invité, dès son
arrivée à Rouen. Le dit prélat habitait dans le
monastère de Saint-Ouen qui, maintenant, depuis son transport à l'archevêché de Bourges,
appartient à Monseigneur Cibo. Autrefois,
lorsqu'il en était possesseur, le cardinal Bohier
y avait fait construire une église, qui est très
belle quoiqu'elle ne soit pas complètement terminée. Les appartements sont pratiques et
somptueux, il y a un beau jardin et une grande
cour. Devant le monastère s'étend une place

1. Antoine Bohier, archevêque de Bourges, fait cardinal
par Léon X en 1517, mort en 1519.

très spacieuse. Dans la sacristie on vénère beaucoup de reliques enchâssées dans de l'or et de l'argent ; entre autres merveilles, on admire un coffret d'or où sont les ossements d'un saint martyr. Le cardinal le fit exécuter avant de donner sa démission, et il lui coûta dix mille francs.

Ce monastère contient de nombreux moines ; décompte fait de leurs vivres et de leurs vêtements, il rapporte environ cinq mille écus par an.

Rouen est située dans une vallée ; c'est une ville très importante et très peuplée, il s'y fait beaucoup de commerce et des industries variées. On y fabrique spécialement du drap extrêmement fin comme étoffe, comme foulage et aussi comme couleur. Il se mesure à l'aune ; deux aunes valent une canne et une palme de notre mesure[1].

Les maisons de Rouen sont en bois, ouvragées comme celles de l'Allemagne ; elles sont grandes et très bien comprises. La ville a de beaux quartiers, bien que les rues soient un peu étroites et fangeuses. Il y a beaucoup de fontaines et à travers la cité courent plusieurs canaux. A main gauche en venant de Paris, le long

1. L'aune valait 1 m. 88 ; la palme équivalant à 0 m. 22 — d'après Beatis — la canne représenterait donc 2 m. 15, ce qui est très vraisemblable. Cette ancienne mesure variait suivant les pays de 1 m. 71 à 2 m. 98.

d'une partie des murs, coule une rivière que l'on appelle la Seine (en latin *Sequana*) ; elle est très grosse, et navigable depuis Paris qu'elle traverse. En approchant de l'Océan qui est à dix-huit lieues de Rouen, elle se divise en plusieurs bras. Sur le bord du fleuve, il y a beaucoup de navires et d'autres embarcations, et dans la ville une telle quantité de bois à brûler que je n'en ai jamais vu de pareille. On passe sur un très beau pont de pierre de dix-huit arches, huit dans le milieu sont très hautes, les autres plus basses ; de l'autre côté du pont on trouve un grand et beau bourg.

La ville de Rouen, quoique riche en fruits variés, n'a cependant pas de melons, de figues, ni de raisins, parce que le climat est froid. Le poisson y abonde, celui d'eau douce, truites, saumons, esturgeons, comme celui de mer, et il y en a de toutes les espèces, spécialement des coquillages, des huîtres et de petites coquilles blanches et noires.

La cathédrale[1] est grande, avec une belle façade travaillée de figures sculptées, elle a deux clochers très hauts dont l'un n'est pas encore terminé : ils sont faits d'une pierre tendre, mais qu'on a pu cependant sculpter avec beaucoup d'art. Il y a une cloche énorme,

1. Notre-Dame de Rouen fut commencée en 1201.

comme jamais nous n'en avions vu. Au milieu
de cette église est le tombeau du cardinal de
Rouen [1], dans un sarcophage en marbre sculpté
de six palmes, il est représenté lui-même de
grandeur naturelle sur le dessus du tombeau
qu'entoure une grille de fer.

Les bâtiments de cet archevêché, qui fut
construit par le cardinal d'Amboise, sont fort
beaux et tout en pierre sculptée ; les salons
somptueux, les chambres richement ornées,
les appartements très commodes. Il y a un beau
jardin carré, mais sans arbres, comme c'est
l'usage dans ce pays. Au milieu, on voit une
fontaine de marbre très ornée dont l'eau jaillit
très haut.

La ville possède beaucoup de paroisses, et
les offices s'y font fort bien.

On est parfaitement logé à Rouen et l'on y
boit de bons vins rouges, quoiqu'il n'y ait pas
de vignobles.

Le 18 août, le Roi très chrétien partit à cheval
à quatre lieues de Rouen pour chasser et notamment forcer les cerfs. De là, tout en chas-
sant et en parcourant le pays, il gagna les val-

1. Georges Ier d'Amboise, né en 1460, archevêque de Rouen
en 1494, ministre de Louis XII ; fait cardinal par Alexandre VI
en 1498, mort en 1511. Son neveu Georges II d'Amboise lui
succéda comme archevêque de Rouen ; fait cardinal en 1545,
il mourut en 1550.

lées qui entourent Moulins, ville du connétable de Bourbon, où Sa Majesté se rendit pour assister au baptême d'un fils qui était né de ce seigneur.

Mon illustrissime maître, également invité, n'accompagna pas le roi comme c'était son désir, car la nuit précédente il fut pris de la goutte aux deux pieds et elle le retint quinze jours, lui causant plus de douleur et d'ennui qu'elle ne lui en fit jamais.

A l'opposé de Rouen est un monastère, érigé sous le vocable de Sainte-Catherine, qui se compose de nombreux bâtiments ; vingt-cinq moines de l'ordre de Saint-Benoît y demeurent. Dans l'église, on montre le doigt de la sainte et l'huile de la lampe du mont Sinaï où son corps fut transporté par les anges. Cette abbaye rapporte dix mille francs par an. L'abbé est élu par les moines, mais le roi confirme leur choix, ce monastère étant patronné par Sa Majesté.

Au milieu de la cour est creusé un puits très profond où l'on puise l'eau au moyen d'une grande roue ; en même temps que celle-ci, tournent deux autres petites roues autour desquelles sont enroulées les cordes de deux seaux qui sont très grands et contiennent chacun presque une charge. L'un descend, pendant que l'autre monte. La grande roue est tournée par des chiens si bien dressés pour cet usage, qu'ils obéissent comme des personnes aux ordres qu'on leur donne et avec un tel instinct que, sitôt le seau rempli et monté, ils s'arrêtent et s'éloignent de la roue. Ces chiens sont très grands et on ne peut en mettre moins de trois à la fois pour faire ce travail, encore le font-ils avec beaucoup de fatigue ; on en attelle habituellement quatre et on va même jusqu'à huit : le spectacle est vraiment curieux.

Dans ce monastère, on monte par un escalier de pierre de sept cent soixante-dix marches. De vingt en vingt marches se trouve un palier d'environ dix palmes où l'on peut se reposer, car l'escalier est assez fatigant. Quoiqu'il ne soit pas bien large, il est beau ; par endroits, les marches et les côtés sont déjà détériorés.

DE ROUEN A GAILLON

Le 3 septembre, mon illustrissime et révérendissime Seigneur partit de Rouen en litière après déjeuner ; il était accompagné de Maximilien Sforza, duc de Milan, du comte de Caiazza[1] et de beaucoup d'autres gentilshommes français et italiens, bien que la plus grande partie

1. Robert-Ambroise San Severino.

fussent avec le Roi très chrétien. Il se dirigea vers une ville éloignée de trois lieues, appelée Pont-de-l'Arche, à cause d'un superbe pont de pierre fait de nombreuses arches, sous lequel coule la Seine. A l'extrémité de ce pont se dresse un château dans les fossés duquel entre un bras du fleuve.

La Seine, dans tout son parcours, forme une quantité de petites îles qui sont d'un aspect gracieux et charmant.

A une lieue et demie de Rouen, nous dûmes passer le fleuve en barque, car, pour rentrer à Pont-de-l'Arche, il faut traverser le pont en question. Dans ce port nous avons trouvé Alonso, valet de don Alvaro Osorio, avec un page français et des lettres du dit Alvaro. Sans nouvelles de nous, depuis notre départ d'Inspruck où il était resté malade avec le page, c'est-à-dire depuis trois mois, Alvaro craignait que nous ne fussions tous morts au fond de quelque bois.

Le 4 septembre, après dîner, Sa Seigneurie quitta Pont-de-l'Arche, encore en litière, pour aller trouver le roi François à Gaillon qui est à quatre lieues plus loin. En arrivant au parc où l'on attendait Sa Majesté pour forcer les cerfs, le cardinal descendit de litière et monta à cheval, et dès l'arrivée du roi on se mit à chasser les cerfs, mais comme l'heure était tardive, on n'en tua aucun.

De là Sa Seigneurie, accompagnée du cardinal de Boissy, frère de Monseigneur le grand maître de France, et du vicomte de Lautrec, traversa le parc pour entrer dans le jardin du palais, et, traversant celui-ci, elle descendit prendre son repos dans le village avec une partie des serviteurs, parce qu'elle ne pouvait pas rester dans le palais, bien que les chambres y fussent nombreuses, à cause de la quantité de seigneurs et de dames qui faisaient escorte à la reine Claude et à la reine mère.

Nos autres gens, avec la plus grande partie des chevaux, allèrent loger à Tosny, village situé sur la rive gauche de la Seine, à la distance d'une lieue et demie.

Dans ce lieu, il m'advint une aventure fort désagréable. J'y passais la nuit en compagnie du cardinal lorsque, vers une heure du matin, quelqu'un m'a volé de l'arçon de ma selle, ma bougette qui contenait quelques hardes usuelles, des écrits et une somme d'argent qui se montait, j'en ai bonne mémoire, à dix ducats. Et de même que j'ai eu à louer les Allemands et les Flamands, les ayant trouvés d'une très grande loyauté et bonne foi jusqu'aux plus pauvres et misérables d'entre eux, de même, pour ce qui est des Français, ayant eu à souffrir d'eux un si vilain tour, je me trouve contraint de ne point dissimuler le vrai à leur sujet ; et donc, il est certain que, dans toutes les provinces françaises — je ne parle pas des gentilshommes qui nulle part ailleurs ne vivent d'une manière plus brillante et plus libérale — les gens du peuple m'ont paru à l'ordinaire plus vils, plus fainéants et plus vicieux qu'on ne peut l'imaginer.

LE CHATEAU DE GAILLON

Le palais ou château de Gaillon fut construit par le cardinal d'Amboise, archevêque de Rouen, sur une colline d'où l'on a vers l'est la plus belle perspective de prairies, d'eau et de montagnes que l'on puisse rêver. Il possède un parc de deux lieues de tour, fermé par une épaisse et haute muraille qui clôt aussi le jardin du palais. Dans le parc il y a plusieurs coins de bois, beaux et fourrés, et des plaines où l'on force le gibier. On y voit aussi beaucoup de petits pavillons, de beaux cerfs, des chèvres, des daims communs et blancs, des lièvres et des lapins en quantité.

Le jardin a la forme d'un grand carré garni d'allées qui le subdivisent en plusieurs carrés entourés de grilles de bois bien travaillées et peintes en vert avec, à chaque carré, de fort belles portes.

D'un côté du jardin, à l'extrémité du mur vers le parc, il y a une très belle volière remplie d'une multitude d'oiseaux, surtout de faisans, de perdrix ordinaires et grises et d'autres petits oiseaux variés. Au milieu de la volière coule un ruisseau ; elle est en partie découverte avec un simple grillage en fil de fer ; dans cette partie sont plantés des arbres aux pieds desquels sont des herbages pour le plaisir des oiseaux.

De deux autres côtés du jardin, jusqu'à la grande porte qui donne sur une vaste prairie par laquelle on arrive à la cour du palais, il y a deux allées couvertes que l'on nomme galeries en France, et cloîtres ou loges en Italie. Ces deux galeries sont très larges et très longues, fort bien pavées, lambrissées et couvertes d'un plafond exquisement lamé, le tout en bois de chêne d'un si brillant travail qu'on le prendrait pour de l'argent ; les toits sont couverts de petites plaques d'une pierre noire qui paraît vraiment du plomb. Les murs sont historiés de diverses fantaisies et de belles peintures ; du côté du jardin ils sont remplacés par une rangée de colonnes de bois peintes également en vert. Il y a au milieu du jardin une très belle fontaine avec des vasques de marbre, sculptées de personnages ; au sommet un amour jette l'eau de plusieurs côtés et très haut. Cette fontaine est sous un grand pavillon en bois sculpté, richement orné d'azur et d'or, couvert de la même façon que la galerie ; il est superbe et très aéré, à huit côtés ; chaque face a sa demi-coupole.

Dans le jardin, contre la porte du parc, on a construit une chambre également de forme octogone ; des boiseries recouvrent la construction de briques ; elle est peinte avec art et toute couverte d'azur et d'or. Huit fenêtres avec de très beaux vitraux correspondent à chaque façade ; cette pièce est couverte de la même façon que le pavillon, comme tout le palais du reste ; elle sert à dormir au milieu du jour en été.

Dans les carrés du jardin, il y a des arbres, mais surtout des herbes, du buis et du romarin dans lesquels sont taillées mille fantaisies : hommes, chevaux, navires et toutes sortes d'oiseaux ou animaux ; dans l'un des carrés sont dessinées très curieusement avec de toutes petites plantes les armoiries du roi et des lettres antiques.

Du jardin, on sort sur une vaste prairie qui

donne accès, par un pont-levis, à une cour très spacieuse au milieu du palais. Le dit palais forme un grand carré. Les façades sur la cour comme celles de l'extérieur sont en pierre et fort bien travaillées ; toutes les sculptures des fenêtres et des portes du côté de la cour ont des têtes en marbre qui reproduisent des personnages anciens, et au milieu de la cour s'élève une somptueuse fontaine de marbre d'où l'eau jaillit avec beaucoup de force ; elle a de grands piliers d'un seul morceau, sculptés d'un grand nombre de fort belles figures.

Dans le palais, qu'entoure un fossé, il y a une infinité de chambres ; et du côté de la belle vue dont j'ai parlé se trouvent deux galeries superposées, très richement ornées, grandes et très aérées, avec de hautes colonnes de marbre. Dans une de ces galeries sont placés, selon l'ordre voulu, les portraits du roi Charles[1], du roi Louis[2] et de la reine, du cardinal de Rouen, du cardinal San Severino[3], celui de la princesse de Bisignano[4] extrêmement ressemblant, et ceux de bien d'autres princesses et seigneurs français. Tous sont en relief et coloriés; je ne sais s'ils sont faits en bois ou en pierre.

1. Charles VIII.
2. Louis XII.
3. Frédéric San Severino, mort en 1516.
4. Eleonora de Piccolomini d'Aragona, morte en 1511.

On voit encore dans le palais une très belle chapelle dont les dimensions sont proportionnées au château. Tout autour, à l'intérieur, sont représentés en pierre de grandeur naturelle tous les seigneurs de la maison d'Amboise, dont était le cardinal de Rouen.

Les boiseries des salons, chambres et cabinets sont travaillées de façon variée avec beaucoup d'art et de richesse. La chambre où logea mon illustrissime maître une nuit, après le départ du Roi très chrétien, est remplie de sculptures représentant des chimères avec un dard; tout le long des murailles ces boiseries sont doublées du même bois de chêne; le travail est si artistique que, bien que la pièce ne soit pas grande, elle a coûté douze mille francs. Les salons sont très ornés, et les belles tapisseries n'y manquent pas; dans les chambres, les velours, le satin, les damas et les brocarts abondent, et chaque chambre a sa tenture assortie. Les vitraux, tous historiques, sont si nombreux et si beaux qu'ils coûtèrent douze mille écus.

Nous avons admiré encore une bibliothèque, la plus belle que l'on puisse voir; elle contient des livres portant les armes de la maison d'Aragon, qui ont appartenu au roi Ferrante [1],

---

1. Ferrante Ier de Naples, né en 1424, mort en 1494.

d'heureuse mémoire, et furent vendus au château de Gaillon à cause de la pauvreté extrême
à laquelle fut réduite l'infortunée princesse[1],
épouse du roi Frédéric[2].

Ce palais, qui est superbe, et, à cause de ses
sculptures de pierre, de ses ornements de cuivre,
du style de ses toits, plus beau que je n'en ai
jamais vu, flatte les yeux par son agencement
intérieur comme par son élégance extérieure.
Il a été construit sur une colline qu'on dut nécessairement niveler en grande partie. D'après
ce que nous ont dit des Français autorisés, il
a coûté sept cent mille francs, ce qui ne paraît
pas invraisemblable à ceux qui l'ont visité. Le
cardinal de Rouen fit construire ce palais à
l'imitation de celui du Verger, que je décrirai
plus tard ; bien qu'à sa mort il le laissàt à l'archevêché de Rouen, sa conscience s'émut, et il
témoigna un grand repentir de ces dépenses
faites par vanité : « Plût à Dieu, disait-il, que
l'argent que j'ai dépensé à Gaillon, je l'eusse
distribué aux pauvres ! »

DE GAILLON A PARIS

Le 7 septembre, après son déjeuner, Sa Sei-

1. Reine Isabelle d'Aragon.
2. Frédéric III d'Aragon, neveu et successeur de Ferdinand II, roi des Deux-Siciles de 1496 à 1501, mort en 1504.

gneurie partit de Gaillon à cheval et alla coucher à Mantes, qui se trouve à huit lieues. A deux lieues de Gaillon, on rencontre une ville appelée Vernon, qui marque le commencement de la vraie France ; des autres côtés, la Normandie, qui est une très grande province, avoisine davantage Paris.

La dite ville de Mantes est assez jolie et hospitalière, avec des maisons revêtues de bois comme on en voit dans toute la France ; quoiqu'elle ait déjà une jolie église, proportionnée à l'importance de la ville, on en construit une autre très belle[1].

De Mantes, nous sommes allés, le 8 septembre, déjeuner à six lieues plus loin, à Poissy. A la sortie de la ville, on traverse la Seine sur un grand pont de pierre et à trois lieues on rencontre un village appelé Meulan, construit sur les deux rives du fleuve. Là aussi, on passe sur un beau pont de pierre.

Poissy est une petite ville assez jolie et qui possède de très bons logements ; elle s'étend sur la rive gauche de la Seine, on y accède par un pont de pierre aux vastes proportions et fort beau, sur lequel, à main droite, dans le

1. On sait que la « jolie église » de Mantes dont parle ici Beatis est un des chefs-d'œuvre de l'art gothique, — une élégante et charmante « réduction » de Notre-Dame de Paris.

sens du courant, il y a cinq grands moulins.

Dans cette ville, un monastère de religieuses de l'ordre de Saint-Dominique compte plus de cent moniales. On les voit toutes ensemble lorsqu'elles chantent none, dans le chœur fermé de grosses grilles de fer. L'église est très belle et le monastère très grand ; les deux furent édifiés par le roi saint Louis [1].

Dans l'hôtellerie où nous déjeunâmes, nous fîmes la connaissance du Frère Jean, chevalier et prieur de Rhodes, lequel a fort grand air. Il fut excellent marin et corsaire redoutable. Il était là, de passage. De visage comme de stature, il est très bel homme, et porte superbement son âge qui dépasse soixante-dix ans.

Après le déjeuner, nous avons quitté Poissy, pour aller dîner à Paris qui est à six lieues, et cinq fois nous dûmes traverser la Seine sur des barques parce qu'elle fait de nombreux circuits. Deux lieues après l'avoir passée la première fois, nous étions voisins d'un petit bois de broussailles, de chênes et d'autres arbres, qui ne s'est jamais développé et s'appelle encore aujourd'hui le bois de la Trahison, parce que Ganelon y trahit le roi Charlemagne ;

1. L'admirable église des dominicaines de Poissy est devenue aujourd'hui l'église principale du bourg.

en signe de malédiction, une branche du dit
bois, qu'elle soit petite ou grande, jetée dans
l'eau, va aussitôt au fond, ce qui fut constaté
par beaucoup d'entre nous qui jetèrent des
branches dans la Seine. Et l'on ne peut attri-
buer un tel résultat à la nature de l'eau, car
tous les autres bois que l'on y jette, sauf ceux
de cette forêt, nagent à plaisir sur l'eau.

PARIS

Comme on peut le voir du haut du clocher
de l'église Notre-Dame d'où l'on domine tout,
la ville de Paris[1] ne possède pas moins d'habitations que Rome, et je dirais presque qu'elle
en a davantage, si je ne craignais de faire un
jugement téméraire, car je ne puis me pronon-
cer de façon absolue sur un simple coup d'œil.

1. Voir BELTRAMI, *Description de la ville de Paris à
l'époque de François Ier (1517), d'après un manuscrit inédit de la
Bibliothèque nationale de Milan*, 1889 (tiré à 200 exemplaires);
GUILLEBERT DE METZ, *Description de Paris au quinzième
siècle, publié pour la première fois d'après le manuscrit
unique par Le Roux de Lincy*, Paris, 1855; Abbé DUFOUR,
Collection des anciennes descriptions de Paris 1873 (publié
par la Société des bibliophiles français); A. BERTY, *Topo-
graphie hist. du Vieux Paris*, 4 vol., 1866-1882; A. BONNAR-
DOT, *Études archéologiques sur les anciens plans de Paris des
seizième, dix-septième et dix-huitième siècles*, Paris, 1851 ;
*Études archéologiques sur les anciennes enceintes de Paris sui-
vies de recherches sur les portes fortifiées qui dépendaient de
ces enceintes et appendices*, Paris, 1853-1877, 3 part. en 2 vol.

Paris est situé dans la plaine et dans un très beau pays ; à une ou deux lieues à l'entour, on voit beaucoup de beaux et grands villages et une quantité de vignes qui produisent d'excellents vins, je n'en ai jamais bu de meilleurs. La Seine arrose Paris et se divise dans la ville en plusieurs bras, tous navigables, sur lesquels sont jetés cinq ponts très larges : trois de pierre et deux de bois. Sur ces ponts, des maisons sont construites d'un côté et de l'autre ; elles suivent si exactement l'ordre de la rue que l'on a peine à voir où les ponts commencent et finissent. Parmi ces ponts, celui des Orfèvres est, je crois, long de cent pas ; on y travaille l'or et l'argent plus habilement qu'en aucun lieu du monde. Les droits d'entrée des dits ponts, qui sont considérables, appartiennent au roi.

La cathédrale, construite sur le fleuve, est une vaste et grande église, mais elle n'est pas très belle. Au premier pilier de la grande nef, à main droite, quand on entre, est simulé un grand mont de pierre sur lequel est un énorme *Saint-Christophe* en pierre [1].

---

1. Ce fameux *Saint-Christophe* de Notre-Dame, — à l'imitation duquel toutes nos églises françaises possédaient un grand *Saint-Christophe* tout près de l'entrée (on peut voir encore celui d'Amiens), — n'a été détruit que pendant la Révolution.

Les maisons de Paris sont généralement de bois ; elles sont grandes, commodes et bien entendues. La plus grande partie des rues sont trop étroites et très fangeuses ; et, avec cela, il y circule une telle quantité de voitures qu'il est plus dangereux de chevaucher à travers que de naviguer dans les syrtes de Barbarie. Les rues et les places sont toutes pavées de pierres noires et grandes, assez bien taillées.

Dans toute la ville, les hommes et les femmes exercent publiquement les métiers les plus divers, de telle façon que je ne crois pas qu'il y ait au monde une ville qui possède même la moitié des métiers de celle-là.

Le cardinal passa peu de jours à Paris, et nous y fûmes fort occupés ; de sorte que je n'ai pu tout voir, pas même les principales parties de la ville ; à cause de cela, je ne puis décrire minutieusement ses coutumes, et, pour beaucoup de choses, j'ai dû m'en tenir à ce qu'on nous a raconté.

Les portes de la ville sont, d'après ce que l'on dit, au nombre de treize.

On étudie à Paris toutes les sciences, excepté la nécromancie, qui est interdite ; les étudiants, en comptant ceux de l'école de grammaire, sont au nombre de trente mille environ, ce qui me paraît énorme, mais la chose m'a été affirmée par beaucoup de religieux, de prêtres et de frères, et par des Français et des Italiens qui suivaient les cours[1].

Dans le Palais de la ville[2], on admire la Grande Salle, c'est ainsi qu'on la nomme ; au milieu il y a une certaine disposition de piliers, et tout autour sont reproduits en relief tous les rois de France jusqu'au roi Louis[3] : ils ont l'épée à la main ; ceux qui furent belliqueux la tiennent levée en l'air ; les pacifiques et les doux, la pointe en bas. Dans ladite salle il y a beaucoup de bancs où se tient la justice. On y vend aussi des articles de toutes sortes, les boutiques commencent dès l'entrée des escaliers.

Ensuite une autre salle très longue, mais pas aussi large, est toute entourée de bancs ; on y vend tous les objets d'or et d'émail qui se fabriquent à Paris, toutes sortes d'inventions et d'objets nouveaux spécialement en fil, une infinité de bijoux, et une foule de jolis articles de mercerie.

1. Comme l'on sait, il n'y avait pas au monde d'université qui pût rivaliser avec la Sorbonne, à la fois par le nombre des professeurs et par celui des élèves.

2. C'est, naturellement, le Palais de Justice, où se trouvaient, jusqu'à la Révolution, les célèbres galeries, toutes pleines de boutiques. Ces galeries ont été remplacées, ensuite, par la Galerie de Bois du Palais-Royal.

3. Louis XII.

Je citerai encore la salle riche où se tient le Parlement, et, bien qu'il soit difficile d'y avoir accès, le cardinal y entra avec nous tous, en compagnie des ambassadeurs napolitains qui revenaient d'auprès du Roi catholique. Notre visite s'accomplit à l'heure où siégeait le Parlement, grâce à une autorisation qu'avait donnée le Roi très chrétien à un de ses gentils-hommes et à Sa Seigneurie, à Gaillon. Le premier Parlement, où entraient de nombreux prélats et personnages ecclésiastiques, se tenait dans cette salle qui est une vaste pièce dont les boiseries sont artistement sculptées et dorées. Un grand nombre de conseillers écoutaient avec grande attention et gravité ; pourtant, beaucoup d'entre eux vinrent au-devant de mon illustrissime maître jusqu'à l'extrémité du grand salon. Dans d'autres pièces, également très ornées, se tenaient aussi trois réunions séparées et bien moins nombreuses.

Dans la cour du palais se trouve la Sainte-Chapelle, qui n'est pas grande et se compose de deux églises superposées ; dans l'une et l'autre on officie fort bien, elles sont desservies par des chanoines honoraires, et parfaitement entretenues.

Dans l'église supérieure, on admire un autel couvert d'or sur lequel est un tabernacle

auquel on accède des deux côtés derrière
l'autel, par un escalier en spirale qui est très
étroit et ne peut donner passage à plus d'une
personne. Sur le dessus du tabernacle, il y a un
espace de la même dimension, où nous vîmes
les reliques que je vais décrire : dans un reliquaire de cristal orné d'or et garni d'une es-
carboucle de la grosseur d'un œuf, qui brille
comme un soleil et dont la valeur est inesti-
mable étant donnée sa finesse, on vénère la couronne de Notre-Seigneur Jésus-Christ, entière,
mais sans les épines qui en ont été enlevées :
c'est une grande couronne ronde, très grosse,
faite de certains brins d'osier très minces dont
nous n'avons pu trouver la nature, bien que Sa
Seigneurie et nous tous ayons vu la couronne
de près[1]. Il y a encore, enchâssé dans une croix
d'or, un morceau du bois de la vraie croix,
grand de plus d'une palme et demie, et, dans
un autre reliquaire, d'or également, on nous
montra une lance du Christ. Nous vîmes encore
une croix d'or avec beaucoup de perles très
grosses, des rubis et d'autres joyaux de prix, et
de nombreuses reliques enchâssées dans de l'or.

1. On sait que la Sainte-Chapelle a été élevée par saint
Louis expressément afin de servir de châsse à cette vénérable relique, — détruite avec tout le reste du trésor pendant la Révolution.

Au milieu de la Sainte-Chapelle, qui n'est pas vaste, mais qui est très richement ornée et possède les vitraux les plus grands et les plus beaux que j'aie jamais vus, pend une griffe d'oiseau griffon dont chaque ongle est d'une palme et demie. Si elle est vraie, on peut dire qu'elle est fabuleuse ; si elle est imitée, qu'elle est faite avec une rare ingéniosité.

Les deux chapelles ont été construites par saint Louis, roi de France, après son retour du Saint-Sépulcre. Les saintes reliques que j'ai décrites et que ledit roi rapporta avec lui de Jérusalem sont placées dans l'église supérieure, qui s'appelle proprement la Sainte-Chapelle.

Un monastère dit de Repenties, fondé par le roi Louis [1] dans son propre palais, abrite environ quatre-vingts femmes vêtues de blanc, qui toutes sont d'anciennes courtisanes. L'abbesse est une parente du roi Louis. Elles vivent d'aumônes et du travail de leurs mains ; elles sont enfermées, et personne n'entre chez elles sans permission : encore l'obtient-on difficilement. Dans ce lieu, on ne reçoit absolument que les femmes de mauvaise vie qui veulent s'amender. Elles enseignent la lecture à presque toutes les petites filles de la ville.

1. Louis XII.

Parmi les hommes de valeur qui habitent Paris, je citerai : Jacques Faber [1], très docte en toutes facultés, en latin et en grec ; Guillaume Budé [2], conseiller du roi, et qui, encore qu'il soit légiste, a écrit sur bien d'autres sujets ; Guillaume Cop [3], physicien du Roi très chrétien, savant en l'une et l'autre langue. Notons encore Henri Estienne [4], bibliophile, homme de très grande science et de bonne vie [5].

1. Jacques Faber, mort en 1536.

2. Guillaume Budé, né en 1467, mort en 1540, porta le premier le titre de *maître de la librairie*, c'est-à-dire gardien de la Bibliothèque royale. C'est d'après ses conseils et ceux de du Bellay que fut fondé le Collège de France. Erasme appelle Budé *le prodige de la France*. Les œuvres de ce savant ont été réunies à Bâle, 1577, 4 vol. in-fol.

3. Guillaume Cop, médecin, mort en 1532, fut archiâtre de Louis XII et de François Iᵉʳ.

4. Henri Estienne, né en 1470, mort en 1521. Sa famille, de noble origine, se voua à la science et à l'industrie ; en dérogeant ainsi, elle a rendu aux lettres de très grands services ; plus de 1.200 ouvrages sont sortis de ses presses. Henri Estienne commença en 1502 un établissement d'imprimeur-libraire ; on compte 128 ouvrages sortis de ses presses, entre autres un *Psautier* à cinq colonnes dont les versets sont, pour la première fois, distingués par des chiffres. Il est aussi le premier qui ait ajouté des errata aux ouvrages.

5. En somme Beatis n'est pas un grand admirateur de Paris. On ne relira pas sans quelque intérêt, après sa description, celle que Victor Hugo a tracée de Paris au quinzième siècle, dans *Notre-Dame de Paris* : « Si admirable que vous semble le Paris d'à-présent, refaites le Paris du quinzième siècle, reconstruisez-le dans votre pensée ; regardez le jour à travers cette haie surprenante d'aiguilles, de tours et de clochers ; des îles, plissez aux arches des ponts la Seine avec ses larges flaques vertes et jaunes, plus changeantes qu'une robe de serpent ; détachez nettement sur un horizon d'azur le profil gothique de ce vieux Paris ; faites-en flotter le contour dans une brume d'hiver qui s'accroche

L'ABBAYE DE SAINT-DENIS

Le 10 septembre, nous allâmes à Saint-Denis, petite localité située à deux lieues de Paris, où se trouve l'abbaye de Saint-Denis, dont l'église est fort belle, très pieuse, et, de plus, si riche en or, argent et joyaux que je ne pense pas qu'elle ait son égale ici-bas. A Saint-Denis, les habitations sont grandes et commodes. On remarque aussi de nombreuses maisons de paysans.

Tous les rois et reines de France sont enterrés dans l'église, moins leurs cœurs qui sont dispersés en divers sanctuaires, suivant la dévotion de ces monarques. Leurs monuments reposent sur la terre, dans le chœur généralement ; ils sont en marbre sculpté, longs d'environ sept palmes, et n'ont rien de somptueux. Sur le dessus on voit leur portrait en bas-relief

à ses nombreuses cheminées ; noyez-le dans une nuit profonde et regardez le jeu bizarre des ténèbres et des lumières dans ce sombre labyrinthe d'édifices ; jetez-y un rayon de lune qui le dessine vaguement et fasse sortir du brouillard les grandes têtes des tours ; ou reprenez cette noire silhouette, ravivez d'ombre les mille angles aigus des flèches et des pignons, et faites-la saillir, plus dentelée qu'une mâchoire de requin, sur le ciel de cuivre du couchant. » Il est vrai qu'il s'agit là du Paris de 1482, le Paris de Louis XI, antérieur de trente-cinq années au Paris de François I⁰ʳ que nous montre Antonio de Beatis.

de grandeur naturelle, mais, sur celui du roi Charles[1], le prince est représenté à genoux. Quelques-uns sont entourés de grilles en bois fermées à clef. A cette simplicité qui suit leur mort, on reconnaît la grande humilité des rois de France[2].

On monte par quelques marches au maître-autel sous lequel, dans une cavité toute revêtue d'or et ornée de nombreux joyaux, on vénère le corps de saint Denis, martyr, qui repose dans une châsse d'or.

Chaque fois qu'un roi de France doit entreprendre une expédition importante, il sort de ses propres mains le reliquaire de sa niche et le dépose sur l'autel, où on le laisse jusqu'à ce que le prince, revenu de son entreprise, le remette lui-même à sa place. Il y a encore une oriflamme à hampe d'argent qui fut, dit-on, donnée à Charlemagne par un ange ; on l'appelle *Grande Gloire*, ou, vulgairement, le glorieux étendard. Les rois français ne peuvent s'en

1. Charles VIII.
2. Ce ne sont en effet que les rois postérieurs à la visite de Beatis, les Valois et les Bourbons, qui ont commencé à se faire élever des somptueux monuments funéraires, dont quelques-uns se voient encore à Saint-Denis. Jusque-là, les tombeaux des rois étaient simplement surmontés de statues couchées, comme celles qui, sauvées en très petit nombre de la tempête révolutionnaire, sont aujourd'hui exposées au Louvre.

servir que dans les guerres contre les infidèles.

Du côté droit de l'autel, dans une fenêtre grillée, se trouve la reproduction de la tête de saint Denis, en or massif, et, à gauche, un reliquaire d'or où l'on vénère un clou et une épine de la couronne du Christ. Il y a encore une croix d'or de plus de huit palmes : elle n'est pas massive, mais seulement plaquée d'or avec un Christ d'environ quatre palmes ; et au-dessous une autre croix d'or, presque de sept palmes, posée droite et attachée avec une grosse chaîne de fer.

Ensuite, nous sommes montés pour voir le trésor ; là nous avons distingué principalement une chape extrêmement riche, d'un merveilleux travail moresque, toute en petites mailles d'or et en perles. Dans un renfoncement assez profond, l'on voit un grand nombre de reliques, toutes incrustées dans de l'or avec des ornements de pierreries de toutes sortes, de très belles et très grosses perles, des couronnes précieuses de rois et de reines, quelques vases de calcédoine et de superbes agates, un grand morceau du bois de la vraie croix, des épines de la couronne du Christ, une mèche de cheveux de saint Benoît, les deux doigts que saint Thomas introduisit dans la plaie du Christ et beaucoup d'autres reliques.

L'épée du roi Pépin, celle de l'archevêque Turpin et quelques autres armes de palatins avec les ornements sacerdotaux et le sceptre qui servent au sacre des rois de France, sont déposés dans une cassette enfermée dans un coffre ferré[1].

Le monastère appartient aux religieux de Saint-Benoît, et a pour abbé le frère du grand maître de France. Mon illustrissime et révérendissime seigneur fut invité par les moines à y déjeuner avec nous tous. Le déjeuner fini, le cardinal monta à cheval et nous retournâmes à Paris.

DE PARIS A LISIEUX

Le 12 septembre, nous partîmes de Paris pour aller déjeuner à Villepreux, localité située à six lieues de là; et à deux lieues de Paris, nous entendîmes la messe dans une église très pieuse appelée Notre-Dame de Boulogne. Dès notre sortie de l'église, nous traversâmes un beau pont de pierre jeté sur un bras de la Seine, et qu'on appelle pont de Saint-Cloud parce qu'à son extrémité se trouve un village du

---

1. Tous les vénérables et magnifiques objets décrits par Beatis ont naturellement péri dans l'affreuse dévastation de la Basilique, qui a été comme l'on sait, l'un des premiers actes du vandalisme révolutionnaire.

nom de ce saint. On dit que jamais roi de France n'a voulu le traverser ni à pied, ni à cheval, à cause d'une prophétie qui disait qu'au passage d'un roi de France il tomberait en ruines ; quand les rois de France viennent à Saint-Cloud, ils ont l'habitude, pour éviter le pont, de passer le fleuve en barque.

Ayant déjeuné dans la petite ville de Ville-preux, nous allâmes souper à cinq lieues plus loin, à Montfort[1]. Cette ville aussi est peu de chose, et ses logements sont médiocres.

De Montfort, le 13 septembre, Sa Seigneurie se rendit à Dreux pour y déjeuner ; c'est un assez vilain bourg, situé à sept lieues de Montfort ; ensuite nous sommes allés souper à Rugles, village très insignifiant, éloigné de six lieues.

Le 14 septembre, de Rugles, nous sommes partis pour déjeuner à *Rogilis*[2], qui se trouve à sept lieues plus loin et nous avons été souper à Broglie, encore à six autres lieues. Ces deux dernières localités sont de petits villages.

Nous avons quitté Broglie, le 15 septembre, afin d'aller déjeuner et dîner à six lieues de là, à Lisieux, dans un palais en dehors de la ville, qui appartient à l'évêque de Lisieux et où était

1. Montfort-l'Amaury, chef-lieu de canton du département de Seine-et-Oise.
2. Vraisemblablement Montfort-l'Argillé.

le cardinal de Boisy[1], avec le dit évêque ; nous restâmes là deux jours, car on y faisait très bonne chère.

LISIEUX. — DE LISIEUX A CAEN

Le 16 septembre — jour des quatre-temps, de la fête de l'Exaltation de la Sainte-Croix — nous allâmes déjeuner à l'évêché de Lisieux.

Après le repas, nous avons visité deux caves ou celliers remplis de gros tonneaux, dont un était large de onze palmes et long de vingt et une. On conserve le cidre dans ces tonneaux ; chacun fabrique soi-même cette boisson pour son usage avec le suc des pommes et des poires.

La ville de Lisieux n'est ni grande ni belle, mais elle est fort bien située ; elle est riche en froment, en vins, en eau et en beaucoup d'autres choses. Elle possède de jolies églises et on en construit une nouvelle, fort belle, dans le palais de l'évêque, au dehors de la ville, où nous avons logé. En outre, il s'y trouve de bonnes habitations qui sont bien comprises.

Lisieux possède aussi un grand jardin carré,

1. Adrien Gouffier, seigneur de Boisy, fait cardinal par Léon X en 1515, mort en 1523. La maison de Gouffier a été une des plus considérables du Poitou.

fort bien dessiné, quoiqu'il n'y ait guère que des plantes ; les arbres, à cause des grands froids, y poussent difficilement. Au milieu s'élève une fontaine de marbre, grande et bien sculptée, avec des amours qui lancent l'eau très haut.

Le 17 septembre, nous quittions Lisieux après déjeuner, pour aller dîner à sept lieues plus loin, dans l'abbaye de Sainte-Barbe, qui appartient aux chanoines réguliers de l'ordre de Saint-Augustin. L'église en est très belle, et on y vénère la tête de sainte Barbe ; toute la France professe une grande dévotion pour cette sainte. L'abbaye est vaste et possède de bons logements. Dans certaines de ses caves nous avons vu, parmi les autres tonneaux et également pour conserver le cidre, un tonneau qui mesurait dix-sept palmes de large sur vingt-sept de long.

CAEN. BAYEUX

Le 18 septembre, de Sainte-Barbe, nous allâmes déjeuner et dîner à Caen, dans l'abbaye de Saint-Étienne, qui se trouve hors de la ville, mais proche des murs, dans la direction de Bayeux. Elle est de l'ordre de Saint-Benoît ; l'évêque de Castres, qui est moine, en est abbé. La dite abbaye est construite dans un très joli site, elle a de grands et beaux appartements,

surtout deux vastes salles très hautes et voûtées.

L'église est grande et nouvellement restaurée,
d'un aussi beau style qu'en aucune autre ville que
nous ayons vue en France[1]. Elle possède beaucoup de reliques, principalement une mèche de
cheveux de saint Étienne, premier martyr, et,
dans un coffret d'argent d'un grand poids, bien
doré et finement ciselé, il y a, d'après le cata-
logue, une infinité de reliques.

La ville est grande, avec de nombreuses industries, de belles églises ; la principale, qui se
nomme Saint-Pierre, est couverte en plomb.

Caen a une Université royale qui compte environ quatre mille étudiants ; on y imprime beaucoup de livres.

Au spirituel, Caen dépend de l'évêque de
Bayeux, qui l'obtint du roi François pour avoir
été quelques mois nonce apostolique de Sa Sainteté le pape Léon, auprès de Sa Majesté très
chrétienne. Comme il est laïque, on l'appelle le
comte Louis de Canossa d'Averona. C'est assurément un personnage très qualifié, gentil courtisan, lettré et homme de grand talent. Comme

1. L'église de l'abbaye de Saint-Étienne est aujourd'hui la
cathédrale de Caen. Il est curieux de noter la sympathie de
Beatis pour nos églises romanes, dont le style, au contraire
du style tout français des églises gothiques, lui rappelait
évidemment l'art ancien de sa patrie.

il est très cher au cardinal, le dit évêque vint au-devant de mon illustrissime maître, quelques lieues avant notre entrée dans la ville de Caen.

Le 19 septembre, de Caen, nous allâmes déjeuner et dîner à Bayeux, sept lieues plus loin. La ville n'est ni grande ni très belle, cependant elle est située dans un joli endroit, très fertile, mais qui manque de vignobles. Son église cathédrale est remarquable et très vaste. On y voit de nombreuses reliques, incrustées dans de l'argent et de l'or, et deux cassettes d'argent doré qui ont coûté chacune douze mille francs. On y vénère aussi un grand morceau du bois de la vraie croix.

DE BAYEUX AU MONT-SAINT-MICHEL

Le 20 septembre, de Bayeux, nous nous rendîmes avec l'évêque, après déjeuner, dans un château de son évêché situé à sept lieues de la ville et qui s'appelle Neuilly-la-Forêt. Ce château est très fortifié et se trouve à une lieue et demie de l'Océan ; quand c'est le moment de la marée, l'eau se répand sur toutes les prairies d'alentour.

Près du château, sur la route qui vient de Bayeux, on rencontre beaucoup de maisons de paysans. On accède au château, où il y a de

beaux appartements, par plusieurs ponts, tous
sur des fossés d'eau. Sur l'un de ces fossés,
il y a deux beaux moulins qui ne peuvent mou-
dre qu'à l'heure du reflux, grâce au courant de
la rivière qui entoure le château.

Nous restâmes un jour à faire bonne chère
avec force poulets, gibiers d'eau, grives, lapins
et chapons.

Le 22 septembre, de Neuilly, nous allâmes à
deux lieues plus loin, dans un endroit qui appartient à l'évêque de Bayeux et qui est situé
comme une île entre deux cours d'eau. On y fait
une grande chasse aux renards et quoique ce
lieu soit très connu et fameux par le grand nombre de ces animaux, ils eurent la chance que
nous n'en tuâmes même pas un.

De là, après déjeuner, l'évêque s'étant séparé
de mon illustrissime seigneur, nous partîmes
pour Saint-Lô, qui est au cardinal de Boisy.

Située sur une petite colline, la ville de Saint-
Lô possède une belle église, et quoique assez
minime, les bourgades si nombreuses qui l'entourent lui donnent de l'importance ; elle est à
six lieues de Bayeux.

Le 23 septembre, de Saint-Lô, nous allâmes
dîner à sept lieues plus loin, à Villedieu, qui est
peu de chose et a de mauvais logements, car il
ne passe guère par cette route que les pèlerins

qui vont au Mont-Saint-Michel pour leur dévotion.

LE MONT-SAINT-MICHEL

Le 24 septembre, de Villedieu, après déjeuner,
nous allâmes dîner au Mont-Saint-Michel qui
se trouve à sept lieues.

Au bout de cinq lieues, nous rencontrions
Avranches, petite ville située sur une élévation
et bien construite : c'est un évêché. Nous la
traversâmes, et comme nous arrivions à la
plaine, nous avons trouvé un grand champ de
sable qui allait jusqu'au pied du mont sur une
longueur de deux lieues que nous avons par-
courues à cheval, accompagnés d'un guide, à
l'heure du reflux.

Le Mont-Saint-Michel, taillé dans le roc,
n'est pas grand de tour ; il est situé sur la grève
au milieu de laquelle il surgit à une grande
hauteur en forme pyramidale. Il possède maintes
habitations commodes, s'étageant du bas en
haut et serrées en manière de grappes, faisant
de loin un très joli effet. La plus grande partie du Mont est solidement murée avec des
tours fortifiées, bien comprises et protégeant
tout le tour, de telle sorte que, si on ne le prend
par la famine, il peut résister à toutes les forces

du monde, étant suffisamment défendu au dedans, et se trouvant hors d'atteinte lorsque la mer arrive toutes les six heures [1]. A l'époque de la pleine lune, tout est sous la mer à deux lieues à la ronde.

On accède au Mont par une seule porte qui est très fortifiée, et le Roi très chrétien, à cause de l'importance du lieu, y maintient de nombreux archers.

L'église de Saint-Michel est construite au sommet du Mont, elle a un clocher si haut que les gens de l'endroit assurent que du faîte on voit depuis l'Angleterre jusqu'aux confins de l'Espagne. En effet, lorsque l'on monte jusque-là, on croit volontiers que, si la vue était assez puissante, il en serait ainsi. L'église n'est pas grande, mais étant donné qu'on y construit en ce moment un nouveau chœur très vaste, elle sera fort agrandie.

Des moines de Saint-Benoît habitent l'abbaye : leurs logements sont beaux et pratiques, il y a tout autour de petits cloîtres d'où l'on a la perspective la plus grandiose qui se puisse imaginer.

La dite église est postée en forteresse comme un château-fort, et on y entre par deux ou trois

---

1. Le mont Saint-Michel fut assiégé en vain par les Anglais en 1417 et en 1423.

portes que gardent les archers du roi. Ce lieu inspire une grande dévotion dans tout l'Occident, dévotion qui se propage partout où l'on connaît l'histoire que je raconterai plus loin. Le peuple accourt en foule vers le sanctuaire, uniquement pour prier l'archange.

On trouve au Mont de bonnes hôtelleries. Hommes et femmes n'y ont d'autre métier que de peindre en toutes sortes de couleurs les coquillages marins que l'on ramasse sur la grève. Ils les peignent soit en rouge, soit en jaune ou en gris et ils les vendent aux pèlerins qui les portent en travers des épaules comme une étole.

Les habitants du Mont fabriquent aussi des Saint-Michel d'argent et d'étain de différentes sortes. Ils font une quantité de cors avec des branches d'arbres, de l'argile coloriée ou du verre ; ces cors sont beaucoup plus petits que les trompettes qu'on fabrique à Milan. Tous ces objets et autres semblables se vendent en grand nombre, car il n'y a pas de pèlerins qui n'en achètent pour s'en retourner parés de coquilles, porteurs de statuettes, et sonnant du cor par toute la route jusqu'à leur patrie.

Voici l'histoire de la construction de l'église :

Sous Childebert III, roi de France, qui régnait, non seulement à l'occident et au septen-

trion, mais encore sur une partie du midi, en
l'an du seigneur 708, saint Aubert étant évêque
d'Avranches, ce mont s'appelait le mont Tombe,
parce qu'il avait la forme d'un sépulcre antique.
Il était entouré d'une grande forêt, et on y ar-
rivait à travers une vaste étendue d'océan ;
quelques ermites allèrent y habiter, trouvant ce
lieu solitaire et commode pour le service de
Dieu. Ils y construisirent deux petites églises,
qui se voient encore aujourd'hui. Un prêtre du
voisinage apportait régulièrement, avec son petit âne, des provisions de bouche aux ermites.
Il allait et revenait toujours par des routes secrètes, si bien que, personne ne l'apercevant,
le bruit se répandit que sur cette montagne
habitaient des anges. Et comme il plaisaït à
Dieu que cela devînt réalité, l'évêque eut une
vision dans laquelle il reçut l'ordre d'édifier au
sommet du mont une église en l'honneur de
saint Michel, qui, lui fut-il dit, serait aussi
célèbre et fréquentée en Occident, que l'était
en Orient celle du mont Gargan[1]. Saint Aubert
n'ayant voulu s'arrêter ni à cette vision, ni à
une seconde, en eut une troisième qui lui ré-
véla que, comme preuve, il retrouverait, à l'en-

1. On trouvera, dans la *Légende Dorée* (trad. T. de Wyzewa,
p. 545), l'histoire de l'apparition de saint Michel sur le Mont-
Gargan, dans le sud de l'Italie.

droit où se devait édifier l'église, une petite gé-
nisse qui avait été dérobée par des voleurs et
cachée dans une grotte. Ayant vérifié ce signe,
l'évêque ne douta plus de la volonté de Dieu et
ne craignit plus les mirages du démon. Alors
il pria le seigneur de lui indiquer les dimensions que devait avoir ce temple. Une voix re-
tentit dans la grotte, et lui expliqua que l'église
devait être édifiée sur tout l'espace qui ne serait
pas baigné de rosée.

L'évêque désirant obtenir pour ce sanctuaire
quelques-unes des reliques du mont Gargan,
Dieu lui dit, dans une nouvelle vision, d'envoyer deux de ses chanoines les chercher. C'est
ce qui fut fait; et, grâce au bon vouloir de l'abbé
de ce lieu, les envoyés rapportèrent du mont
Gargan, à saint Aubert, un morceau de la pierre
sur laquelle l'ange se montra dans la dite
église et un morceau de l'étoffe rouge de l'autel qui fut construit par saint Michel lui-même,
comme il est raconté plus au long dans l'histoire latine de laquelle j'ai pris copie[1].

---

1. Cf. Édouard Schuré, *les Grandes Légendes de France*,
chez Perrin : « Lorsque les pèlerins revinrent, au bout d'un
an, avec une pierre de l'autel de Gargano, disent les an-
nales du Mont, le sol de la forêt de Scissy, depuis longtemps miné par l'Océan, s'était effondré sous une haute
marée. Le bois s'était englouti, et le Mons Tomba était
devenu une île en grève. Quelques cellules, construites à
son sommet, formaient le noyau de la nouvelle cité. »

DU MONT-SAINT-MICHEL A RENNES

Le 25 septembre, du Mont-Saint-Michel, après déjeuner, nous sommes allés souper à Bazouges, qui est à sept lieues. A deux lieues du dit Mont, nous avons rencontré une ville qui se nomme Pontorson, traversée par une rivière assez étroite, sur laquelle est jeté un pont de bois. Cette rivière marque le commencement de la Haute-Bretagne. La Basse, qui est la partie des Bretons bretonnants, a d'autres confins.

Le village de Bazouges n'a qu'une rue et de mauvais logements. Comme habitations, on ne peut rien voir de pire.

Le 26 septembre, de Bazouges, après déjeuner, nous allâmes dîner à Rennes qui est à sept lieues. Le comte de Laval[1] vint avec son fils au-devant de mon illustrissime maître auquel il était allié, ayant épousé en premières noces la fille du roi Frédéric de Naples, d'heureuse mémoire, qui s'était retiré en France où il mourut. Le comte de Laval était accompagné de beaucoup d'autres gentilshommes qui se

---

Voir Étienne Dupont, *le Mont Saint-Michel inconnu*, chez Perrin, 1912.

1. Guy XVI, comte de Laval, épousa en 1500 Charlotte, fille de Frédéric III de Naples.

trouvaient réunis à Rennes, où se tenait à ce
moment le Parlement.

RENNES

Rennes est la plus grande ville de Bretagne,
elle est populeuse, bien fournie de marchandises
et fortifiée. Elle est entourée de grands faubourgs et traversée par deux rivières médiocres.
Ses rues sont un peu étroites et fangeuses. Ses
églises, étant donnée l'importance de la ville,
ne sont pas très belles[1]. Elle est située dans la
plaine. Plus de la moitié appartient au comte de
Laval ; il possède également le reste du pays
alentour, ce qui lui rapporte vingt-cinq mille ducats par an. Avec les honoraires que ce seigneur
touche comme gouverneur de Bretagne, la
somme de ses revenus monte à plus de trente
mille ducats.

Le comte de Laval est de haute taille et
porte de quarante-cinq à cinquante ans. Il s'est
remarié. De son mariage avec la fille du roi
Frédéric, il a un fils âgé de seize à dix-sept
ans, gentil et fort agréable, et deux filles, l'une
de quatorze, l'autre de douze ans, qui, toutes

---

1. On sait que la ville de Rennes, rebâtie en majeure partie au dix-huitième siècle, après avoir été détruite par un
terrible incendie, n'a presque rien gardé de son ancien aspect.

deux, sont à Tours avec la fille du Roi très chrétien, au Plessis, palais que je décrirai plus loin.

Nous restâmes deux jours à Rennes. Nous y avons mangé un poisson qui se pêche dans l'Océan : il est semblable au porc, dont il a la grosseur, le goût, et le nom [1].

Étant à table avec mon illustrissime et révérendissime seigneur et monseigneur l'évêque de Nantes qui était venu trouver le cardinal d'Aragon avec beaucoup d'autres gentilshommes, le comte de Laval raconta l'histoire du canard et des canetons de Saint-Nicolas, endroit de son domaine qui se trouve à quatre lieues de Rennes. Il affirma que, chaque année, en la fête de Saint-Nicolas, un canard vient avec ses petits, vers le soir, et monte sur l'autel ; après y être resté un moment, il vole une fois tout autour et laisse un de ses canetons, sans que personne puisse savoir ce qu'il devient, ni où il va, ni qui le prend, quoique chaque année de nombreuses personnes cherchent à le découvrir. Lorsque des gens, par mépris du saint, voulurent faire mal à ces canards, il arriva de grands prodiges.

Le comte de Laval raconta ensuite qu'il pos-

---

1. Marsouin.

sédait un bois dans lequel il n'y avait pas une seule mouche. On essaya de toutes les façons d'en porter de vivantes, mais, dès qu'elles arrivaient au bois, elles mouraient immédiatement.

Sa Seigneurie nous dit encore qu'à une extrémité de ce bois, à un endroit où est fixée une grosse pierre, se trouve une fontaine ; lorsque, s'étant confessé et ayant communié, il trempe de la main une branche dans l'eau de la fontaine et la jette sur la dite pierre, l'air fût-il très serein, il pleut immédiatement. Cette faveur est octroyée par Dieu à l'aîné de cette Maison. Le comte de Laval a vu faire cette expérience par son père plusieurs fois et lui-même l'a faite, sans que jamais elle ait échoué[1].

Ce seigneur expliqua encore que le duc de Rohan, dont la maison est rivale de la sienne, car ce sont les deux principales de Bretagne, a un bois dans lequel se trouve un lac. Il arrive que, dans toutes les branches des arbres de ce bois, lorsqu'on les coupe, quelle que soit leur espèce, on voit les armoiries des Rohan. De même les dites armoiries se trouvent dans les

---

1. Il est un peu à craindre que le comte de Laval, en décrivant à ses hôtes italiens toutes ces choses singulières et celles qui vont suivre, n'ait voulu mettre à l'épreuve leur crédulité professionnelle de voyageurs.

os et les arêtes de chaque poisson du lac et sur toutes les pierres de cette forêt, si on les casse, les armes de la maison apparaissent sur chaque débris. On les trouve également dessinées dans les plumes de tous les oiseaux de proie qui naissent dans le dit bois.

Un seigneur de cette maison étant jadis en oraison dans une autre de ses forêts fut distrait par le gazouillement et le chant des rossignols; il les maudit et, à cause de cela, on n'a plus jamais depuis vu en ce lieu un seul rossignol, et aucun oiseau n'y a plus chanté.

De sorte que, depuis des temps reculés, dans leurs controverses et contestations, ces deux illustres maisons produisaient et alignaient ces privilèges, les grâces de Dieu et les dons de la nature, pour obtenir la préséance au Parlement de Paris. Elles l'obtiennent tantôt l'une, tantôt l'autre, suivant la décision du roi leur souverain.

DE RENNES A NANTES

Le 28 septembre, de Rennes, après déjeuner, le cardinal partit avec l'évêque de Nantes et le comte de Montfort, fils du comte de Laval, pour aller coucher à Bain, village d'une seule rue, situé à sept lieues.

Le 29, de Bain, après déjeuner, nous allâmes à Nozay, petite localité du même genre que la précédente, éloignée de huit autres lieues.

Le 30 septembre, de Nozay, nous nous sommes dirigés vers Nantes qui est à huit lieues, pour y dîner ; sur la route, nous rencontrâmes un bourg de peu de maisons, appelé Héric, où nous avons déjeuné. De nombreux gentils-hommes sortirent de Nantes avec le gouverneur, pour venir au-devant de Sa Seigneurie.

NANTES

Nantes n'est pas une très grande ville, mais on ne peut la qualifier de petite : c'est en tout cas la plus belle et la plus forte ville de toute la Bretagne. Ce qui fait sa principale force, c'est d'être entourée presque complètement par une rivière très grande et large, qui s'appelle la Loire, en latin *Ligeris ;* la Loire passe à douze lieues de Lyon et prend sa source un peu plus loin.

Nantes est à deux lieues de l'Océan ; aussi le fleuve a-t-il le flux et le reflux, et de grands poissons de toutes sortes. Elle est située dans la plaine, mais dans une vallée. Ses murs, nouvellement construits, sont très épais et bien compris, ses fossés sont très larges et profonds ; un petit fleuve la traverse, qui s'appelle l'Erdre.

Une partie de la vallée, toute en marais, es inhabitable.

Nantes possède un beau et grand château sur le bord de la Loire, il est très fortifié par des murailles et des fossés ; à l'intérieur les logements y sont commodes ; il y a une bonne artillerie qui contient de belles pièces, outre celles que, dit-on, le Roi très chrétien en a enlevées.

Dans l'église des Carmes est le tombeau du duc François[1] et de la duchesse de Bretagne, aïeux de la reine Claude : il est fait d'une dalle reposant sur un soubassement, élevé lui-même d'un degré ; il se trouve au milieu du chœur de l'église, ses dimensions sont bien proportionnées. La dalle est en marbre noir, le soubassement de marbre blanc est orné tout autour d'arceaux en plein cintre où sont rangés des personnages sculptés dans l'albâtre. Aux quatre coins sont des statues représentant les quatre Vertus : Force, Tempérance, Justice, Prudence, grandes de sept palmes environ et très

1. François II de Bretagne, dernier duc de Bretagne, 1459-1488. Ce monument, chef-d'œuvre du sculpteur français Michel Colomb, a été transporté en 1817 à la cathédrale de Nantes.

bien faites. Sur le dessus reposent le duc et la duchesse[1], sculptés dans l'albâtre également. A droite le mari, avec un lion à ses pieds ; à gauche, la femme avec un chien sous les pieds également ; d'après ce que nous ont dit les frères, ils ont été faits d'après nature. Pour une œuvre moderne, c'est vraiment une très belle chose. Les frères tiennent ce monument enfermé derrière une grille de bois et recouvert de rideaux de toile noire.

Nous sommes restés deux jours à Nantes, le 1er et le 2 octobre, logés dans le palais épiscopal : il se trouve à côté de la cathédrale, qui est très belle. Nous reçûmes de l'évêque de Nantes, très noble personnage, cultivé, vertueux et généreux, beaucoup de caresses et un accueil très affectueux, puis il nous offrit à tous de l'argent cacheté. Encore que plusieurs en eussent grand besoin, personne, par délicatesse pour le car-

---

1. Cf. la description de TAINE, dans les *Carnets de voyage* : « Le duc et la duchesse en robes et couronnes ducales, couchés, dorment les mains jointes, paisiblement. Sculpture bourgeoise, mais très vivante et sincère, avec un souffle d'Italie dans la description générale et la belle simplicité des ajustements. Les figures du duc et de la duchesse sont évidemment des portraits ; le calme du sommeil éternel est profondément saisi ; on a dans tout le quinzième siècle le plus vif sentiment de la réalité morale. Mais un nez trop pointu, un menton sec et qui est presque en galoche, des yeux trop peu enfoncés dans l'arcade sourcilière, le manque de grandeur et de parti pris dans les traits, annoncent des bourgeois du moyen âge. »

dinal, ne voulut l'accepter, bien que Sa Seigneurie ne cessât d'insister jusqu'à ce qu'elle l'eût
mis dans la bourse de chacun avec une gentil-
lesse et une grâce qui ne se peuvent décrire.

L'évêque offrit également à mon illustrissime
maître une haquenée et deux courtauds, et s'em-
ploya de tout son pouvoir à lui rendre service.

DE NANTES A ANGERS

Le 3 octobre, après avoir déjeuné à Nantes,
le cardinal partit pour aller souper à Ancenis,
qui se trouve éloignée de sept lieues. L'évêque
de Nantes, le capitaine et le comte de Monfort
nous accompagnèrent jusqu'à une lieue de
Nantes. Sur la route, qui longe la Loire presque
tout le temps, on ne voit que peu d'habitations
et elles sont très pauvres.

Le 4 octobre, d'Ancenis, nous allâmes déjeuner dans un village appelé Saint-Georges, qui
se trouve à six lieues. A quatre lieues d'Ancenis, sur la Loire, on rencontre la petite ville
d'Ingrandes, dans laquelle se voit un énorme
rocher qui termine la Bretagne et marque le
commencement de la France.

Nous allâmes ensuite souper à Angers, appelée *Angioya* par les Italiens ; c'est à quatre
autres lieues, donc à dix d'Ancenis.

ANGERS

L'évêque d'Angers, François de Rohan [1], qui est aussi archevêque de Lyon, est le fils du maréchal de Gyé : Pierre, comte de Rohan [2], et le frère du comte de Guise, Charles de Rohan, qui épousa Jeanne de San Severino, fille du prince de Bisignano.

Angers est une ville très grande et forte, toute environnée de faubourgs. Elle est arrosée par la Loire, qui se partage en plusieurs bras sur chacun desquels se trouvent des ponts de bois garnis de maisons comme ceux de Paris.

Le roi a donné cette ville à sa mère ; elle revint à la couronne de France sous le roi Louis par héritage du roi René [3], mort sans héritier.

1. François de Rohan, né en 1479. Administrateur du diocèse d'Angers en 1499, en même temps archevêque de Lyon en 1501, mort en 1536. Voir A. PÉRICAUD, *Notice sur François de Rohan, archevêque de Lyon et administrateur de l'église d'Angers : Revue du Lyonnais*, nouvelle série, VIII (1854), 417-441.

2. Pierre de Rohan de Gié, maréchal de France, le fondateur de la lignée Rohan-Gié, qui se retira en 1505, après avoir été disgracié par Louis XII, dans son magnifique château du Verger entre Angers et La Flèche ; il mourut le 22 avril 1513. Voir DE MAULDE, *Procédures politiques du règne de Louis XII*, Paris, 1885, XI-CXXXII, 786: *Procès du maréchal de Gié*. Celui qui dans le texte est appelé frère de l'évêque est le fils aîné du maréchal de Gié. Charles de Rohan, comte de Guise, épousa en 1512 Jeanne de San Severino, fille du prince de Bisignano.

3. René d'Anjou, dit *le bon roi René*, né en 1408, mort en 1480, roi de Naples de 1438 à 1442.

La cathédrale Saint-Maurice est assez grande, mais pas belle, car elle est construite comme une chapelle longue et étroite, sans aucun bas côté. A main gauche se trouve le tombeau du roi René et de sa femme : sur son épitaphe il est intitulé roi de Naples, car il le fut quelques années, jusqu'au moment où le roi Alphonse[1] le remplaça. C'est un monument en pierre noire, sur lequel on voit les deux statues du roi et de la reine avec d'autres personnages sculptés dans un marbre si fin qu'on le prendrait pour de l'albâtre. Il y a aussi en ce lieu la tombe d'un évêque d'Angers appelé Jean-Michel Surrentino[2] que l'on tient pour bienheureux.

Dans la dite église se trouve un orgue immense comme nous n'en avions jamais vu encore, depuis celui qu'on était en train d'achever de construire à Constance et que j'ai décrit. Nous avons entendu jouer de cet orgue qui rend de très beaux sons, et dont le gros tuyau, d'après ce que nous ont dit les chanoines, mesure vingt-six palmes. Un autre petit orgue jouait extrêmement bien, cependant pas aussi bien que celui d'Inspruck, lequel, comme je l'ai dit, est supérieur à tous les autres. Jamais nous n'en entendîmes d'aussi bon.

1. Alphonse Ier, roi de Naples, né en 1384, mort en 1458.
2. Jean-Michel, évêque d'Angers de 1439 à 1447.

D'ANGERS A TOURS

Le 5 octobre, nous sommes allés déjeuner et dîner au Verger, palais qui est éloigné d'Angers de quatre lieues. Le maréchal de Gié le fit construire dans la plaine, comme unè forteresse, avec des fossés profonds et pleins d'eau. Bien que ce château n'ait pas coûté aussi cher que celui de Gaillon, il est beaucoup mieux compris et bien plus commode comme logements. Il n'a pas une aussi belle vue, puisqu'il est dans la plaine, alors que celui de Gaillon est sur la montagne. Son parc très beau est entouré de grands murs; il y a aussi un jardin, moins beau que celui de Gaillon.

Nous avons trouvé au Verger la femme du comte de Guise, qui est très belle et fort gracieuse; elle se nomme Jeanne, et, bien qu'elle soit Italienne, elle se maria si jeune qu'elle ne sait pas un mot de sa langue maternelle; elle est habillée et parle comme si elle était vraiment Française.

Nous passâmes au Verger une journée fort agréable, et la comtesse nous combla d'amitiés. Cette princesse est non seulement belle, comme je l'ai dit, mais aussi charmante. Le comte, son mari, était alors à Paris pour s'occuper de certains procès très importants.

Le 6 octobre, du Verger, après déjeuner, nous allâmes dîner à La Flèche, éloignée de six lieues, et, à quatre lieues, nous rencontrions un village appelé Durtal qui ne possède que peu de maisons et de tristes logements.

Le 7 octobre, de La Flèche, nous sommes allés entendre la messe au Lude, petite ville située à quatre lieues plus loin; de là nous allâmes déjeuner à Château-la-Vallière, qui se trouve à quatre autres lieues, et souper dans un village appelé *Sunseghi*[1], qui est encore à deux lieues.

Le 8 octobre, de *Sunseghi*, Sa Seigneurie alla déjeuner et dîner à Tours, éloignée de six lieues. Près de la ville nous avons traversé la Loire en barque, car nous n'avions pas voulu passer le pont plus haut, afin de pouvoir aller vénérer le corps du Bienheureux père François de Paule, Calabrais, appelé le *bon homme*, et auquel tous les Français sont très dévots.

Son corps est dans une petite église construite sous son vocable, auprès du parc du Roi très chrétien, à l'endroit où se trouvait son oratoire. C'est là qu'il mourut, il y a dix ans, dans la nuit du vendredi-saint, sur un lit de paille, n'ayant pour oreiller qu'une pierre que nous

---

1. Il s'agit évidemment de Sonzay, village situé à peu près à l'endroit qu'il indique et qui possède le beau château ancien de la Motte-Sonzay.

avons vue : il était âgé d'environ quatre-vingt-dix ans[1]. A cette époque, bien que le culte du dit saint ait été approuvé à la fin du pontificat du pape Jules II, de sainte et immortelle mémoire, il n'était pas encore canonisé et mis au rang des autres saints. On voit un tableau qui le représente, peint d'après nature ; il porte une grande barbe blanche, il est décharné, son visage est grave et respire la sainteté.

Du côté gauche de l'autel est déposé, assez haut, le cercueil du roi Frédéric d'Aragon, recouvert d'un drap mortuaire en soie noire brochée.

DE TOURS A AMBOISE

De cet endroit, nous allâmes déjeuner à Tours, et mon illustrissime et révérendissime seigneur se rendit au Plessis, qui se trouve non loin de la ville, afin de rendre visite à la fille du Roi très chrétien, qui doit épouser le Roi catholique. et aux deux filles du comte de Laval. La fille du roi est âgée d'environ trois ans, elle est déjà charmante. Des deux autres, l'aînée a quatorze ans et la plus jeune, qui n'est pas jolie, a douze ans. Le Plessis est un château très cé-

1. Né en 1416, mort en 1507.

lèbre, mais en réalité il ne mérite pas une telle renommée.

La ville de Tours n'est pas beaucoup plus petite que Rouen, elle est bâtie dans la plaine et dans un beau site ; la Loire la traverse dans sa plus grande partie, elle y est très large, et un peu plus loin coulent deux autres fleuves qui ne sont pas aussi importants.

Tours est entourée de faubourgs comme toutes les autres villes de France. On y fabrique dans la perfection les lames des épées.

Le 10 octobre, de Tours, où nous sommes demeurés toute la journée du 9, nous sommes partis après avoir déjeuné, pour Amboise, qui se trouve à sept lieues.

AMBOISE
VISITE A LÉONARD DE VINCI

Amboise est une petite ville très gaie et bien située ; elle est dans la plaine, mais son château s'élève sur la hauteur ; il n'est pas fortifié ; il est bien compris comme appartements et il a une très belle vue. Le roi Charles [1] y résidait volontiers, comme le roi Louis [2] son père, à Tours et le roi Louis [3] son successeur à Blois.

Sa Seigneurie alla visiter avec nous, dans un

1. Charles VIII. — 2. Louis XI. — 3. Louis XII.

faubourg d'Amboise, Messire Léonard de Vinci [1], Florentin, âgé de plus de soixante-dix ans, peintre très célèbre de notre temps.

Il montra au cardinal trois tableaux [2] : le portrait d'une certaine dame florentine peinte jadis au naturel sur l'ordre de feu le Magnifique Julien de Médicis ; un *Saint Jean-Baptiste enfant* et enfin une *Vierge avec l'enfant assise sur les genoux de sainte Anne*. Ces trois œuvres sont exécutées avec une grande perfection.

Il est vrai que, désormais, le dit maître Léonard ayant été atteint d'une paralysie du bras droit, on ne peut plus attendre de lui d'autres belles choses ; mais il a fort bien instruit un élève venu de Milan [3], qui travaille excellemment sous sa direction. Et quoique le susdit maître ne puisse plus colorier avec la douceur qui lui était particulière, du moins s'occupe-t-il à faire des dessins et à surveiller le travail des autres.

Ce gentilhomme a composé un ouvrage sur l'anatomie appliquée spécialement à l'étude de la peinture, aussi bien des membres que des

1. Léonard de Vinci vivait à Amboise depuis 1516 ; il y mourut le 2 mai 1519.

2. Les deux derniers tableaux sont encore aujourd'hui au Louvre ; la dame florentine est vraisemblablement *la belle Ferronnière*.

3. L'élève milanais dont parle Beatis doit être Francesco Melzi.

muscles, des nerfs, des veines, des jointures, des intestins et de tout ce qui peut s'expliquer tant sur le corps des hommes que sur celui des femmes ; on n'en a jamais fait de semblable. Il nous l'a montré et nous a dit, en outre, qu'il avait fait la dissection de plus de trente corps d'hommes ou de femmes de tout âge.

Messire Léonard a également écrit sur la nature des eaux, les diverses machines, et sur d'autres sujets qu'il nous a indiqués, une quantité de volumes ; tous ces livres, écrits en italien, seront une source précieuse d'agrément et de profit lorsqu'ils viendront au jour [1].

BLOIS

Le 11 octobre, d'Amboise, nous allâmes déjeuner et dîner à Blois qui est à dix lieues, et, pendant le trajet, nous avons tout le temps longé la Loire à cheval. Sur la route, on rencontre de nombreux villages sans importance.

Blois est une ville plus grande qu'Amboise, mais plus petite que Tours. Elle est située sur

1. « Il ne reste de lui que des manuscrits, des esquisses, des études. Et pourtant, si réduite que soit son œuvre, il n'en est point qui frappe davantage. Par les principaux traits de son génie, il est moderne. » TAINE, *Voyage en Italie*, II. « Nous entrevoyons à peine ce qu'il fit et ce qu'il voulut ; il faut pourtant le saluer comme un des princes de l'art. » BARRÈS, *Du sang, de la volupté et de la mort*.

la colline et dóminée par un château. La Loire
coule à ses pieds. Son aspect est noble à cause
des séjours qu'y faisait le roi Louis qui, non seulement y naquit, mais encore voulut y mourir.

Le château n'est pas fortifié, il possède de
très beaux appartements ; les façades sur la
cour, comme celles de l'extérieur, sont très joliment sculptées dans la pierre tendre. Dans la
cour s'ouvre une église collégiale qui est assez
belle et où l'on officie fort bien ; les chanoines
qui y sont attachés gagnent chacun quatre
cents francs par an et sont sous la protection du
roi.

Dans ce château ou palais, on voit une grande
bibliothèque, garnie non seulement de planches
du haut en bas, mais encore de tablettes; tout
est plein de livres. Un petit cabinet en contient
qui sont déposés dans un coffre. Ces livres
sont tous en parchemin, écrits à la main et très
intéressants, ils sont couverts de soies de
diverses couleurs avec de riches fermoirs et
des incrustations d'argent doré. On nous montra *le Triomphe de Pétrarque* peint par Fiamingo [1] lui-même en excellentes miniatures ;
le Remède contre les adversités de la fortune,

---

1. Il est très difficile de savoir à quel vieux maître notre
voyageur fait ici allusion : car il y a eu de tout temps, en
Italie, divers artistes venus des pays du nord qui ont été

du même peintre français ; un grand volume :
les Heures de la Sainte Vierge avec son histoire
et les mystères de la Passion, illustrés d'une
peinture grecque très belle et ancienne ; une
Métamorphose écrite en latin et français, toute
historiée. Ajoutez à cela beaucoup d'autres très
beaux livres que nous n'avons pas vus, faute de
temps. L'un de ceux que nous avons admirés
portait des deux côtés de la reliure, aux coins
et aux milieux, dix camées enchâssés, délicieusement travaillés, ayant la forme allongée d'une
moitié d'œuf. Parmi les livres, beaucoup, d'après
les armoiries des fermoirs, appartenaient au
roi Ferrante et au duc Ludovic Sforza : ceux
du roi Ferrante furent achetés en France à
l'infortunée reine Isabelle, après la mort du roi
Frédéric, et les autres, je crois, furent pris au
moment de l'invasion du duché de Milan.

J'ai noté encore un tableau peint à l'huile, représentant une certaine dame lombarde, peinte
au naturel, très belle, mais à mon avis pas autant que la *signora Gualanda*[1]. Puis on nous
montra un astrolabe très beau et très grand,
sur lequel est peinte toute la cosmographie.

appelés *il Fiamingo* (le Flamand). On notera d'ailleurs que,
plus bas, Beatis parle du même *Fiamingo* comme d'un
« peintre français ».

1. Cette *signora Gualanda* est le portrait de femme que
Beatis a vu dans l'atelier de Léonard de Vinci.

Dans un des retraits — il y en a deux — se trouve une horloge très ingénieuse où sont représentées beaucoup de choses concernant l'astronomie et les signes du ciel.

Sous le palais s'étagent trois jardins, pleins de fruits et de feuillage ; on s'y rend par une galerie couverte ornée, d'un côté et de l'autre, de cornes de vrais cerfs posés sur des cerfs en bois sculpté coloriés et assez bien imités ; ils sont dans le mur à une hauteur de dix palmes environ, les uns près des autres, on ne voit que leur cou, leur gorge et les deux pieds de devant. Sur des pierres qui ressortent le long du mur sont posés de nombreux chiens également en bois, des lièvres avec des chiens courants absolument naturels, aussi bien comme taille et visage que comme poils. De même, quelques faucons sont posés sur des mains fabriquées également dans le mur. Les chiens et les faucons étaient les animaux préférés du roi Louis [1]. Un renne, imité aussi, est orné de vraies cornes dont les rameaux s'étendent plus larges qu'une main ; pour le reste cet animal ressemble au cerf, mais il est plus allongé et porte une grande barbe sous les poils du museau.

En entrant par la porte du jardin, à main

1. Louis XII.

droite, on voit un cerf, artificiel lui aussi,
sur lequel sont adaptées d'immenses cornes
venant d'un cerf véritable, tué, dit l'inscription.
par le marquis des Baux qui le donna au roi René,
lequel en fit présent au roi Louis.

Le grand jardin est tout entouré de galeries
qui sont larges et longues, afin que les chevaux puissent y courir : elles ont une belle
voûte de bois couverte de treillage, mais, ainsi
que le faisait observer Sa Seigneurie, un peu
basse pour que de puissants coursiers y puissent manœuvrer et sauter haut et loin. Au milieu de la galerie s'élève un pavillon, sous
lequel on voit une belle fontaine fournissant
d'eau les fontaines des autres jardins qui sont
placés en contre-bas et se trouvent à six cannes
environ au-dessous de celui-ci.

Tous ces jardins, exécutés sur un terrain
jadis montueux et stérile, sont l'œuvre de don
Pacello, prêtre napolitain, qui, très expert
en cette matière, fut amené en France par le
roi Charles [1], à son retour de Naples. On y
voit presque tous les fruits qui poussent en
terre cultivée ; des figuiers même y sont plantés,
mais en petit nombre, et leurs figues, très
petites, parviennent rarement à maturité. J'ai

1. Charles VIII.

vu aussi beaucoup de citronniers, de grands
orangers qui donnaient d'assez bons fruits,
mais dans des caisses de bois pleines de terre;
l'hiver, on les abrite sous une grande loge couverte qui les préserve de la neige et des vents
pernicieux. Cette loge est dans le jardin; au-
dessus sont les appartements du prêtre jardinier
à qui cette fonction a rapporté de bons bénéfices et qui est devenu riche, comparativement
à ce qu'il était. On voit encore beaucoup de
plantes et d'herbes à mettre en salade, des en-
dives et des choux aussi beaux que ceux de Rome.

Sa Seigneurie a visité dans cette ville, qui
est du diocèse de Chartres, une écurie du roi
François qui renferme trente-neuf chevaux
parmi lesquels environ seize coursiers. Monseigneur Galeazzo San Severino, qui en a le soin
en qualité d'écuyer principal de Sa Majesté, les
fait monter par un de ses fils, âgé de treize
ans, qui monte à ravir, aussi élégamment qu'il
est possible de le faire à un enfant de cet âge.

Parmi les chevaux qui sont du pays, quelques-
uns piaffaient et étaient très difficiles à tenir.
Parmi les autres, il en est un, du haras de mon
illustrissime princesse la duchesse de Milan [1],
qui fut offert au Roi très chrétien par le duc de

---

1. Isabelle d'Aragon.

Ferrare. Un autre vient du duc de Termine, Ferdinand de Capoue : il se monte singulièrement bien. Un cheval blanc sort des haras du seigneur Vincenzo Monsolino ; Frère Annibale Monsorio, majordome de mon illustrissime maître, l'a vendu cent ducats au Magnifique Laurent de Médicis, à Rome, et celui-ci le donna au roi de France. Encore que ce ne soit pas un grand coursier, mais plutôt un courtaud, Sa Majesté l'apprécie vivement ; le jour où nous le vîmes, il courut et sauta fort bien. Il y a en outre, dans les écuries, un très grand poulain bai que le cardinal estima aussi grand que le poulain blanc de Messire Barthélémy de Laval, et qui est né, dit-on, dans une terre du duché de Rohan ; certains chevaux gris qui courent fort bien et légèrement, quelques belles haquenées, et une douzaine de chevaux sardes que Sa Majesté avait récemment fait venir ; ils sont de la race la plus fine qui soit sortie de cette île depuis longtemps ; nous les vîmes trotter comme des genets, manœuvrer comme des coursiers et aller plus sûrement et doucement que des poneys écossais. Ce fut par l'entremise et les ordres du Roi catholique que le roi François les obtint.

DE BLOIS A BOURGES

Le 13 octobre, de Blois où nous demeurâmes deux jours, nous partîmes après déjeuner pour dîner à Romorantin, qui est à huit lieues. A mi-route, on rencontre un village appelé Foulen, dont les logements sont bons.

Le 14, de Romorantin, ville médiocre, nous allâmes déjeuner à Vierzon, distante de sept lieues, et de là, n'ayant pas pu loger dans une ville appelée Mehun [1], qui est à quatre lieues, parce que par hasard, ce soir-là, la mère de Monseigneur de Bourbon s'y trouvait, nous fûmes obligés d'aller dîner à Bourges, éloignée de quatre autres lieues.

BOURGES

Dans cette ville dont les rues et places sont aussi grandes et belles qu'en aucune ville de France, Sa Seigneurie, sur la demande du cardinal Bohier, descendit à l'évêché, propriété de Son Eminence qui en est titulaire, et, malgré son absence, ses gens nous firent l'accueil le meilleur, et nous comblèrent de mille amitiés.

1. Mehun-sur-Yèvre.

On travaille surtout à Bourges les étoffes de laine, et on les teint en toutes couleurs. On y exerce des arts variés.

Il n'y a pas beaucoup de choses curieuses à voir, car la peste a dévasté la ville. Cependant nous visitâmes une église très belle et grande, bien qu'elle ne fût pas en forme de croix comme les églises modernes[1]. Dans le chœur, on admire un superbe candélabre de cuivre. Le trésor renferme une croix toute en or, très artistement ciselée, avec une belle crosse pastorale couverte d'or. Le cardinal Bohier les a fait faire pour les donner à cette église, il y a peu de mois. On remarque aussi des reliques dans des reliquaires d'argent doré : la tête de saint Guillaume, celle de sainte Lucie, une partie de celle de saint Étienne, premier martyr ; la main de saint André, en chair et en os ; du bois de la vraie croix et d'autres reliques. On admire encore un diptyque d'or émaillé ; d'un côté est le Christ en croix avec les deux Maries, de l'autre la sainte Vierge, tenant son fils mort contre son cœur. C'est une œuvre d'un travail très délicat. Nous avons vu en outre de grandes croix et pas mal d'autres objets d'argent.

1. C'est, naturellement, l'admirable cathédrale de Bourges, chef-d'œuvre des deux styles roman et gothique.

Dans la Sainte-Chapelle qui est auprès de la cathédrale, on voit les reliques suivantes : la tête de saint Cosme, les deux doigts de saint Jean-Baptiste, un Agnus Dei, trois épines de la couronne du Christ incrustées dans une couronne toute en or fort bien ciselée, faite à la manière d'une tiare, mais pas aussi haute ; du bois de la vraie Croix ; un morceau du vêtement du Christ et plusieurs autres reliques ornées d'or et d'argent [1].

Ladite Sainte-Chapelle est plus grande que celle de Paris, mais elle n'est pas aussi ornée ; elle est desservie par un plus grand nombre de chanoines et de clercs. Elle fut construite et dotée par le duc de Bourges, second fils du roi Charles [2], lequel duc est enterré au milieu du chœur, dans un grand tombeau en marbre sculpté, haut de sept palmes, posé sur la terre.

Je dois faire observer que ni dans la Haute-Allemagne, ni dans la Basse, ni en France, nous n'avons trouvé de monuments funéraires incrustés dans les murs d'une si belle architecture, et d'un si merveilleux travail qu'en Italie. Toutes les tombes, au contraire, reposent sur le

---

1. La Sainte-Chapelle de Bourges a malheureusement été détruite pendant la Révolution.
2. Charles VIII.

sol et ont la forme carrée, elles sont plus ou moins élevées et sculptées.

Dans cette chapelle, les chanoines nous firent admirer un grand calice tout orné d'or, fait en une certaine matière qu'ils appellent calcédoine. Au cardinal il parut être de cristal, mais il est admirablement travaillé ainsi que la patène, qui est fort grande, ornée de petites fleurs et d'autres détails si délicats que je ne sais si de notre temps on en ferait de pareils. Nous vîmes encore des anneaux d'or avec des camées supérieurement exécutés, d'autres pierres précieuses, et une paire de gants couverts de perles dont on se sert pour célébrer l'office pontifical dans la dite Sainte-Chapelle.

DE BOURGES A LYON

Le 15 octobre, de Bourges, après déjeuner, nous allâmes dîner à Dun-le-Roy [1] qui en est éloignée de sept lieues. C'est une bonne ville ; elle est arrosée par une petite rivière, et porte ce nom parce qu'étant autrefois à la maison de Bourbon, elle se donna d'elle-même au roi. Elle est entourée de nombreux faubourgs ; sur la route, le pays étant plat et stérile, il n'y a qu'un

1. Actuellement Dun-sur-Auron.

seul village composé de rares et pauvres maisons.

Le 16 octobre, de Dun-le-Roy, nous allâmes
déjeuner à Bruère, petit village avec de misérables logements, éloigné de huit lieues ; à
environ six lieues de Dun-le-Roy, on traverse
un bois de deux lieues[1], très large, composé
d'énormes chênes très touffus dont les pieds
sont parfaitement nets ; parmi ces arbres qui
bordent la route, il y a une serrée de troncs si
gros et si hauts qu'ils méritent d'être appelés
par les Français rois des chênes. Nous avons
ensuite soupé à Cosne[2], c'est aussi un village
très médiocre, à trois lieues plus loin.

Le 17, de Cosne, nous sommes allés déjeuner
à Verneuil, qui est à huit grandes lieues, puis souper à Varennes[3], ce qui fait en tout onze lieues.

Le 18 octobre, de Varennes, nous allâmes
déjeuner à Saint-Martin, qui se trouve à huit
lieues. Sur la route on rencontre La Palisse,
petite ville dont les logements sont bons ; il y
passe une rivière, de sorte qu'on y entre par un
pont quand l'eau est abondante. A ce moment,
il y en avait peu... M. de La Palisse tire son
nom de cette ville.

1. Forêt de Mauine.
2. Cosne-sur-l'Œil (canton d'Hérisson', Allier.
3. Varennes-sur-Allier,

De Saint-Martin nous allâmes souper à Saint-Germain-l'Espinasse, qui est à trois lieues, après avoir traversé la Pacaudière. Saint-Germain est une bourgade bien construite, avec de très bonnes auberges ; nous en partîmes le 18 octobre pour aller déjeuner à Saint-Symphorien-de-Lay, située à cinq lieues plus loin.

En passant à Roanne, nous avons entendu la messe. C'est une ville importante, avec de belles habitations ; la Loire commence à y être navigable jusqu'à l'Océan.

Nous avons soupé à Tarare, qui est à trois lieues. La route est dangereuse en descente de montagne ; à une lieue dans la montagne est l'hôtellerie de la Fontaine, et à une autre lieue, là où commence la descente, est une autre hôtellerie nouvelle, grande et très bien agencée, appelée la Chapelle ; lorsque nous y sommes passés, il y avait deux palmes de neige.

Le 20 octobre, de Tarare, nous sommes allés déjeuner à Lyon qui est à six lieues, et à trois lieues nous avons traversé l'Arbresle, village de peu de maisons.

LYON

La ville de Lyon est construite dans une vallée fort bien située ; du côté droit, en venant de France, elle s'étend sur la montagne, les murailles commencent à la porte d'entrée du côté de la France, et longent le quartier qui est sur la rive de la Saône. Elles vont jusqu'à la porte par où l'on gagne l'Italie, de telle sorte qu'elles ferment une bonne partie de la colline sur laquelle sont disséminées çà et là, sans ordre et sans rues, quelques habitations. Du côté gauche, le Rhône longe la ville et se réunit à la Saône.

La Saône traverse Lyon et y passe sous un beau pont de pierre, elle se jette dans le Rhône près d'une abbaye appelée Ainay. Le Rhône prend sa source au lac de Genève ; outre la Saône, grosse rivière qui vient de Bourgogne, il reçoit la Sorgues, la Valserine et deux autres cours d'eau dont je parlerai plus tard.

Lyon a pour archevêque le frère du comte de Guise, monseigneur de Rohan, comme je l'ai dit à propos d'Angers.

A la porte par où l'on entre en venant de France, comme à celle par où l'on sort pour aller vers l'Italie, s'étendent de gros faubourgs ; là où la Saône se jette dans le Rhône, un beau et long pont de pierre conduit à l'un des faubourgs au delà duquel commence le Dauphiné.

Sans être petite, la ville n'est pas très grande. Les rues sont bien taillées, les maisons sont

généralement de pierre ; on y exerce dans la
perfection de nombreux métiers et le commerce y est actif. Les femmes y sont plus belles qu'en aucune ville de France. Lyon est
habitée par de nombreux marchands de toutes
nations, principalement des Italiens. Tant par
son commerce que par ses hommes, ses femmes, et son aspect, cette ville a un je ne sais
quoi de la belle Italie, ce qui me la fait juger
la plus belle ville de France !

DE LYON A CHAMBÉRY

Le 26 octobre, de Lyon où nous demeurâmes
cinq jours, nous sommes partis après déjeuner
pour aller souper à Bourgoin, ville éloignée
de six lieues ; sur la route à mi-chemin, on
rencontre un village appelé Saint-Laurent-de-
Mure.

Le 27, de Bourgoin, après déjeuner, nous
sommes allés à Aiguebelette pour dîner. C'est
un petit village n'ayant guère de maisons, mais
possédant de fort bonnes auberges à cause du
va-et-vient continuel des voyageurs. En effet,
tous ceux qui circulent entre la France et l'Italie s'y arrêtent forcément.

Il y a sept lieues entre Bourgoin et Aiguebelette ; sur la route, à trois lieues de Bourgoin,

on traverse la Tour-du-Pin, petit village, et, deux lieues plus loin, une ville médiocre appelée Pont-de-Beauvoisin, à cause d'un certain pont qui y est jeté sur un petit fleuve. On n'a qu'à le traverser pour entrer en Savoie. Les deux dernières lieues pour arriver à Aiguebelette se font sur une maudite route ; on chevauche tout le temps le plus désagréablement du monde parmi des pierres et des cailloux.

Le 28 octobre, d'Aiguebelette, après déjeuner, nous allâmes dîner à Chambéry qui se trouve à deux lieues ; pendant la première, on monte et descend d'une montagne qui n'est pas haute mais très abrupte ; pendant la seconde, on est en plaine. Pour gravir la montagne, la plupart d'entre nous ont employé les chevaux, mulets, et ânes des villageois, ces bêtes ayant l'habitude de la route.

CHAMBÉRY : LE SAINT-SUAIRE

Chambéry est une ville construite en plaine, située dans une vallée. Ses maisons, ses rues, ses places sont fort jolies, et les femmes y sont belles. Elle est riche de nombreux métiers et d'hommes de bien.

Là, grâce au duc de Savoie, résidant alors à Genève où Sa Seigneurie lui avait, de Lyon, envoyé un courrier tout exprès avec une supplique, nous pûmes voir le Saint-Suaire. En effet, le duc envoya deux de ses protonotaires avec sa clef, et les officiers de la ville, détenteurs des deux autres clefs, reçurent l'ordre de les leur remettre. Le soir, à dix heures, nous vîmes donc le Suaire de lin dans lequel fut enveloppé Notre-Seigneur Jésus-Christ quand il fut détaché de la Croix. On le conserve dans une église bâtie dans la cour du château spécialement pour la garde de cette relique[1]. On ne le montre jamais, d'après ce que nous ont dit les chanoines desservants de cette église, qui est collégiale, que le vendredi-saint et le 3 mai, jour où se célèbre la fête de l'Invention de la Sainte-Croix. On montre alors le Saint-Suaire du haut des murs du château, du côté d'une prairie qui s'étend hors de la ville, afin qu'il soit facile aux pèlerins de le contempler. Et à cette époque il vient un grand concours de gens des environs et de beaucoup plus loin pour le vénérer. On peut dire vraiment que c'est la relique la plus sainte et la plus admirable de la chrétienté.

On nous raconta qu'autrefois deux frères de la maison de Savoie discutaient pour savoir qui

1. C'est la chapelle, aujourd'hui bien tristement délabrée, du château ducal de Chambéry. Quant au saint Suaire qu'elle conservait, on sait que les ducs de Savoie l'ont transporté à Turin.

des deux garderait ce précieux Suaire ; ils convinrent de le partager et, comme ils avaient fait venir un tailleur avec des ciseaux pour le couper, celui-ci devint aveugle incontinent. A cause de cela, on le laissa intact. Alors par un second miracle, encore plus grand, dè la clémence de Jésus-Christ, le tailleur recouvra la vue.

Le dit Suaire de lin, ou Saint-Suaire, est large de cinq palmes et demie environ, et, comme longueur, il mesure un peu plus du double de la taille du Christ, car il était replié pour le couvrir devant et derrière. Les membres du très glorieux corps sont empreints et ombrés du précieux sang de Jésus-Christ. On voit apparaître très nettement les marques des coups, des cordes qui attachaient les mains, de la couronne autour du front, des clous aux mains et aux pieds, et principalement la blessure du côté. Quelques gouttes de sang répandues hors du Cœur Sacré de Notre-Seigneur sont si bien marquées que non seulement les chrétiens, mais les Turcs eux-mêmes, en sont remplis d'émotion et de respect.

Ce linge précieux nous fut montré à nu, sans aucun voile, et bien étalé sur le grand autel où on l'avait placé. Le cardinal baisa et mania le Saint-Suaire. Il ne put se rendre compte de quelle matière il était fait ; néanmoins il certifia qu'il ne lui paraissait ni de soie ni de lin.

On prit souvent la mesure des divines empreintes, mais il paraît que chaque fois on en trouva de différentes. On les voit aussi nettement de loin que de près.

D'après ce que l'on nous raconta, les ducs de Savoie eurent cette sainte relique au moment de la croisade, où l'un d'eux se rendit en compagnie de Godefroy de Bouillon ; d'autres disent qu'il fut acheté à un soldat savoisien qui avait été fait prisonnier et ne pouvait payer sa rançon ; sa femme, pour qu'il pût se libérer, lui aurait enlevé le Saint-Suaire et l'aurait vendu à un marchand ; suivant d'autres encore, ce même seigneur de la maison de Savoie l'acheta à la femme directement, pour la même raison.

Autrefois les ducs de Savoie transportaient avec eux dans tous leurs voyages l'insigne relique qu'ils entouraient de vénération ; cédant aux prières de la princesse Marguerite, fille de l'Empereur, son épouse, le prédécesseur du duc actuel la déposa dans la chapelle du château, et, depuis ce temps, la ville ne fut plus que très rarement molestée par la peste, qui y sévissait jusque-là chaque année. Ayant fait l'expérience que, dès que le Saint-Suaire était enlevé de cette ville, qui est capitale du duché de Savoie, la peste l'envahissait, les habitants ne suppor-

teraient sous aucun prétexte qu'elle en fût re-
tirée, et pour plus de sécurité ils gardent deux
clefs de l'endroit où est enfermée la précieuse
relique.

LA GRANDE-CHARTREUSE

Le 29 octobre, après le déjeuner, nous quittions Chambéry pour nous rendre à la Grande-
Chartreuse, qui en est éloignée de cinq lieues
en montagne. La route n'est pas très pierreuse,
mais elle est si abrupte que je la considère
comme le chemin le plus périlleux et le plus
long que j'aie jamais fait de ma vie.

Le monastère appelé Grande-Chartreuse fut
construit par saint Bruno, fondateur de l'ordre
des Chartreux, dans une vallée qui s'étend entre
deux montagnes très arides et très hautes, toujours couvertes de neige. A une lieue du monastère, on arrive à un passage qui se ferme par une
porte, et de ce côté il n'y a pas d'autre entrée.

Lors de sa construction par saint Bruno,
l'abbaye se trouvait fixée à la pierre vive, du
côté droit de la montagne. Le saint y habita
avec ses compagnons jusqu'à ce qu'il se rendit
en Calabre pour édifier Saint-Étienne-du-Bois,
qui fut le second monastère de son ordre, dans
lequel il mourut et où ses restes reposent en-

core. Mais, les années suivantes, la neige tombait en telle abondance à la Grande-Chartreuse que l'édifice s'écroula, ensevelissant beaucoup de religieux. On le reconstruisit plus bas et presque entièrement en bois, mais, huit ans plus tard, un incendie allumé par des mains barbares le détruisait à nouveau. Presque tout fut brûlé. Grâce à l'activité et au savoir-faire du prieur, qui est général des Chartreux et habite toujours le dit monastère, il fut reconstruit tout en voûtes, de façon très intelligente, et ses logements sont si vastes qu'on y hébergerait facilement toute une armée.

Il renferme quarante-cinq moines prêtres sans compter les clercs, les convers, les coadjuteurs, les employés et autres serviteurs laïcs et séculiers qui sont plus de cent cinquante. Outre les cloîtres où peuvent se promener à l'aise soixante-dix moines, il y a des appartements pour recevoir les Chartreux des diverses nations du monde : d'après un tableau qu'on nous montra, il existe plus de deux cents monastères.

A un demi-mille italien au-dessous du monastère, sont les écuries destinées aux montures des religieux étrangers, elles peuvent toutes ensemble contenir trois cents chevaux, et servent au moment du chapitre général qui se tient là tous les ans. La Grande-Chartreuse, d'après ce que disent les moines, n'arrive pas à se faire quatre mille ducats de rente par an ; mais c'est un lieu apte à la pénitence et au service de Dieu, dans la solitude la plus absolue qui se puisse imaginer. Pendant les trois quarts de l'année, on est enseveli sous la neige et des froids extrêmes sévissent. Aucune personne vivante n'accède au monastère que celles qui vont exprès le visiter.

Le nom de Chartreuse a été donné à une ville voisine et à une petite rivière, arrosant la vallée qui s'appelle elle-même Chartreuse.

Le 30 octobre, de la Grande-Chartreuse où l'on soupe fort mal, où l'on déjeune d'une façon pire, n'y mangeant pas de viande, et où l'on dort encore plus mal sur de petits lits de paille sans draps avec pour couvertures de grossières peaux de moutons, nous allâmes passer la nuit à Grenoble. Cette ville est distante de cinq lieues, qui sont toutes en montées et descentes, mais pas aussi mauvaises que sur la route de Chambéry à la Grande-Chartreuse, bien que là aussi nous ayons trouvé beaucoup de neige.

GRENOBLE

Grenoble est la capitale du Dauphiné ; il s'y tient un Parlement comme à Paris ; elle est située dans la plaine entre de très hautes montagnes. La vallée est belle et large de plus d'une lieue ; elle est, comme le pied des montagnes, toute plantée de vignes et de nombreux arbres fruitiers. Au milieu de la plaine coule un fleuve appelé le Drac, lequel, comme on le voit du haut des montagnes en venant de la Chartreuse, semble former un δ grec. Ce fleuve qui est profond et assez large arrose une partie de la ville et y passe sous un pont de pierre garni d'assez beaux magasins. A peu de distance de Grenoble coule un autre fleuve : l'Isère, qui se jette dans le Rhône à quelques lieues de là et reçoit le Drac près de la ville.

Les maisons, les rues et les places de Grenoble sont très belles. La ville appartient au roi et elle est très peuplée. On y voit le tombeau de ce généreux et très beau prince (dont l'âme indubitablement est déjà au ciel) l'Infant don Alphonse d'Aragon, second fils du roi Frédéric et de l'infortunée reine Isabelle. Son tombeau est à Sainte-Claire, église du monastère des Clarisses, situé dans la ville : ordre d'obser-

vance austère et de très sainte vie. Les religieuses n'y mangent jamais de viande en aucun
temps, elles jeûnent tous les jours et dorment
toujours habillées sur de la paille. Le cercueil
du prince est dans une petite chapelle du côté
gauche du maître-autel, il est déposé un peu
haut dans une cavité arquée creusée dans le
mur, il est recouvert de brocart et entouré
d'une draperie mortuaire en velours noir.

Deux chapelles de cette petite église contiennent deux vases d'albâtre ornés de personnages admirablement sculptés.

DE GRENOBLE A AVIGNON

Le 31 octobre, de Grenoble, nous allâmes
faire nos repas de jeûne à sept lieues plus loin,
à Saint-Marcellin, car c'était la vigile de la Tous-
saint. Cette ville est importante et assez belle;
elle a de bons logements.

A deux lieues de Grenoble, on rencontre
une petite ville murée et, sur le reste du
chemin, trois autres villages. A une lieue de
Saint-Marcellin, un de ces villages appelé Larbe
se compose d'une longue rue des deux côtés de
laquelle on ne voit que des fabricants de pei-
gnes en buis et d'autres ouvrages faits au
tour.

Le 1er novembre, de Saint-Marcellin, nous allâmes entendre la messe et déjeuner à Saint-Antoine-de-Bienne, qui est à deux lieues. L'église de ce saint[1], édifiée sur une éminence, est grande et très belle. En entrant, à main gauche de la nef auprès du chœur, se trouve un orgue superbe avec de nombreux registres et beaucoup d'ornements : on y voit notamment représentée l'*Annonciation de la Sainte Vierge* et beaucoup d'autres jolies choses. Là nous avons vu et baisé le bras du glorieux saint Antoine enchâssé dans de l'argent. On y vénère, en outre, les os de son corps, qui sont déposés dans un petit coffre grillé, enfermé dans une châsse. Ce coffre d'argent doré repose sur deux colonnes de bois derrière le maître-autel. Afin que mon illustrissime et révérendissime seigneur pût mieux voir les reliques, on déposa le coffre sur le grand autel. Le cardinal examina chaque ossement séparément, et put juger par là que le dit saint était de haute taille. Dans la châsse on

---

1. Cf. Léon Barracand, *le Vieux Dauphiné :* « C'est une impression saisissante de voir, s'élevant au-dessus des quelques masures qui forment le village, dans son cercle de petits coteaux boisés, cette prodigieuse église de Saint-Antoine, entassant sur ses murs le curieux fouillis de son gothique flamboyant. On s'étonne de ce trésor d'art perdu dans ce désert. La châsse, au pied de l'autel, est vide. Les os du saint ont été dispersés dans la tourmente révolutionnaire. Et avec lui, l'esprit de l'œuvre s'est envolé. »

conserve aussi le manteau de saint Paul premier ermite, qui est presque complètement pourri.

Ce monastère abrite bon nombre de moines, qui portent par-dessus leur robe un vêtement noir muni d'un capuchon ; maints petits clercs qu'ils élèvent revêtent le même costume. Ils officient fort bien. Ils s'occupent activement d'un hôpital où ils font beaucoup de bien.

Saint-Antoine-de-Bienne est du diocèse de Bienne, bien que cette ville en soit éloignée de sept lieues.

En dehors du monastère est un village assez important, construit, partie en plaine, partie en montagne ; il a de bons logements et s'appelle également Saint-Antoine. En France, on donne volontiers aux villes des noms de saints.

On vend dans ce village, spécialement aux laïcs et aux séculiers, une grande quantité de statues de saint Antoine, de clochettes, de .T. (*tau*), de bras et de petits porcs ; la plus grande partie de ces objets se fabriquent en argent mélangé ou en métal.

De Saint-Antoine, après déjeuner, nous allâmes dîner à Valence, qui est éloignée de six lieues ; en chemin, on rencontre une jolie ville appelée Romans, à l'extrémité de laquelle, vers Valence, coule l'Isère sous un pont en pierre.

Valence est une belle ville, elle possède une

université où l'on enseigne le droit canon et le droit civil ; elle n'a pas d'autres facultés.

A un demi-mille italien vers Montélimar sont construites six petites chapelles où se trouvent de très belles fresques représentant les *Mystères de la Passion* exécutés par un peintre flamand ; pour la dernière station, il y a un mont Calvaire avec la Crucifixion dans une belle église. Cette œuvre est vraiment pleine de dévotion ; aussi n'est-il pas de jour où quantité d'hommes et de femmes ne se pressent dans chaque chapelle pour y prier à genoux, en commençant par celle qui avoisine la porte de la ville [1].

Depuis Valence, d'où le pays environnant, avec les jolies villes qu'il contient, est appelé Valentinois, s'étend jusqu'à Avignon une plaine large et belle. A main droite, vers les montagnes, coule le Rhône ; on remarque beaucoup de vignes qui donnent de très bon vin, quelques amandiers et des oliviers. Cette ville fut donnée au fils du pape Alexandre VI qui en reçut son titre de duc de Valence ; il retirait de l'ensemble du duché onze mille ducats par an. Depuis la ruine et la mort de ce prince, Valence fait partie de la couronne de France.

---

1. Rien ne subsiste plus de ce chemin de croix.

Le 2 novembre, de Valence, après avoir entendu la messe des morts et déjeuné, nous allâmes dîner à Montélimar, qui est éloignée de sept lieues. La ville est grande, mais ses rues et ses maisons ne sont pas belles ; elle a cependant de bons logements. A trois lieues de Montélimar, on rencontre une jolie ville appelée Livron ; à une demi-lieue plus loin, une autre appelée Loriol.

Le 3 novembre, après déjeuner, de Montélimar, nous sommes allés dîner à Notre-Dame-du-Plan qui est à cinq lieues ; à deux lieues de Montélimar on traverse la ville de Châteauneuf-du-Roi et, à une autre lieue, celle de Donzère. Une demi-lieue après cette dernière ville, on voit une petite chapelle qui marque le commencement du territoire de l'Église[1] et, une autre demi-lieue plus loin, une ville presque ruinée, appelée La Palud.

Afin d'aller voir le pont du Saint-Esprit qui est sur le Rhône, nous nous détournâmes de notre chemin d'un demi-mille italien[2].

Le pont se compose de vingt arches hautes et très larges, en belle pierre bien travaillée et du meilleur silex. D'après la mesure que prit

1. Cette chapelle a entièrement disparu.
2. C'est le magnifique pont appartenant déjà au Saint-Siège, mais qui, aujourd'hui encore, donne son nom à la ville du Pont-Saint-Esprit (Gard).

un de nos palefreniers avec une ficelle, il est
long de quatre cents pas de grandes enjambées.
Il est plus large et plus droit que celui d'Avignon, mais il n'est pas aussi long. Au moment
où nous l'avons vu, il n'y avait pas d'eau sous
toutes les arches, mais, d'après ce qu'on nous
a dit, il arrive au printemps, à cause de la
fonte des neiges, une telle quantité d'eau qu'elle
se répand bien au-delà des arches. A l'extrémité du pont est la ville de Pont-Saint-Esprit,
qui est assez belle ; elle est au roi de France,
ainsi que tout le reste du pays qui se trouve
au delà du Rhône.

Notre-Dame-du-Plan est un très petit monastère qui ne compte que sept religieuses de
très sainte vie, lesquelles récitent l'office tous
les jours. Quatre chapelains desservent le monastère et l'église.

La Vierge vénérée en ce lieu devint célèbre
il y a quarante ans de la façon suivante : le
village ayant été saccagé et brûlé avec plusieurs autres villes environnantes, il y a deux
cents ans, par un capitaine de pillards et sa
bande, cette Vierge — une statue haute de
trois palmes — fut déposée avec d'autres reliques, par quelques soldats qui craignaient
Dieu, dans une petite ouverture, à l'endroit où
se trouve actuellement l'autel de l'église. Pré-

servée de la destruction, elle resta cachée en
cet endroit jusqu'au jour où un homme de
sainte vie, ayant eu connaissance du fait par
une révélation divine, enleva avec grande dévotion la statue de sa cachette afin de la dépo-
ser à la place où elle est exposée maintenant
à la vénération des fidèles. Cette Vierge fait de
nombreux miracles ; d'après ce que l'on rapporte dans le pays, ces miracles sont continuels, aussi un grand concours de peuple
vient-il la prier et recourir à elle.

Auprès de l'église on voit quelques maisons
qui tiennent auberge, et où l'on vend de nombreuses madones d'argent pour satisfaire la
dévotion des pèlerins.

Le 4 novembre, ayant entendu la messe de
bon matin, de Notre-Dame-du-Plan, nous
allâmes déjeuner et souper à Sorgues, qui est
à cinq lieues. Sur la route, après une lieue, on
traverse une ville appelée Mondragon, et, deux
lieues plus loin, on rencontre Mornas, sur le
bord du Rhône, ville qui appartient au pape
et qui consiste en une longue rue au pied
d'une très haute montagne que domine une
citadelle très fortifiée. A une lieue plus avant,
dans deux petites îles que forme le Rhône, se
dressent deux châteaux forts, construits sur le
roc : ils appartiennent à l'une des sœurs du

Cardinal d'Auch, légat d'Avignon, et en face, à main gauche, sur une petite montagne, on voit une très belle ville appelée Châteauneuf, qui est aussi à l'Église.

Après Montélimar, presque jusqu'à Avignon, on trouve beaucoup de buis et une grande quantité de spic ou lavande, plante dont on use beaucoup, en Allemagne, en Flandre et dans toutes les provinces de France : on se sert de la fleur desséchée pour aromatiser le linge, ou bien on la distille afin d'obtenir de l'eau parfumée.

Le 7 novembre, de Sorgues où nous passâmes trois journées fort agréables auprès des sœurs du cardinal, en attendant Son Éminence[1] qui venait d'Auch, nous sommes partis déjeuner à Avignon, qui n'est éloignée que de deux petites lieues. Toute la noblesse et le clergé, avec les officiers et soldats du cardinal légat, en grand nombre, sortirent de la ville au-devant de leurs illustrissimes seigneuries.

AVIGNON

Avignon, comme tout le monde le sait, est ville de l'Église et donne son nom à tout le

---

1. François-Guillaume de Clermont, archevêque d'Auch, fait cardinal par Jules II en 1503, légat d'Avignon. Mort en 1540 ou 1541.

comté, dont Carpentras, qui est cité, fait partie, ainsi que beaucoup d'autres villes.

Avignon est située dans la plaine, sauf le palais de l'Archevêché qui s'élève sur un mont de pierre vive. La ville est ronde et ceinte de murs de pierre très hauts, épais et fort bien maçonnés. Ils sont ornés de grosses tours et dans toutes celles où se trouvent les portes de la cité, qui sont nombreuses, il y a des cloches. Entre les tours, à l'extérieur, il y a deux demi-tourelles placées à distance égale. Les murailles sont garnies encore de petites arcades et de dentelures de pierre sous les mâchicoulis, qui les ornent grandement. Les fossés sont très larges ; bien que peu profonds, ils ont facile-ment douze palmes d'eau. Quoique l'intérieur des murs ne soit pas complètement construit, il y a d'assez jolies habitations, toutes en pierre, des rues qui seraient belles si elles n'étaient si mal pavées que les parcourir à cheval est fort désagréable, et qu'on s'abîme les pieds en y marchant, car elles sont faites de certains petits cailloux ronds qui vous meurtrissent.

Les femmes sont très belles ; quoiqu'elles portent le costume français, la plupart d'entre elles n'arborent pas sur la tête des chaperons comme en France, mais des coiffures d'un genre spécial, qui sont bien plus jolies. Avi-

gnon compte beaucoup de dames du palais, il y
en a plus que de gentilshommes.

Nous vîmes encore dans cette ville maintes
églises paroissiales, et d'autres appartenant à
des monastères, notamment aux Dominicains,
aux Augustins, aux Franciscains conventuels
et observants, aux Carmes et aux Célestins.
Dans celle des Célestins, on vénère le corps du
Bienheureux Pierre de Luxembourg[1], et la
tombe du pape Clément VI qui construisit
l'église.

Du côté du couchant, le Rhône coule près des
murs de la ville avec une grande violence, il
passe sous un vaste pont de pierre de vingt-
trois arches. Sur l'autre rive, qui est en Languedoc et sous la domination du roi de France,
sept arches du pont sont à sec; on nous assura
cependant que, lorsque le fleuve grossit, il y a
de l'eau sous toutes les arches. Ce pont n'est
ni aussi large, ni aussi droit que le pont Saint-
Esprit, on lui a fait faire une grande courbe,
pour résister, je crois, à la violence de l'eau. Il
est si poli et si glissant que c'est très difficile de le traverser à cheval, et bien peu de
gens s'y risquent. D'après la mesure qui en fut
prise en ma présence, il est long de quatre cent

1. Mort en 1387.

soixante-six cannes. De la porte de la ville qui ouvre sur le dit pont, jusqu'à l'endroit où cesse la juridiction de l'Église, il n'y a que quarante cannes. Je ne puis m'expliquer comment l'Église n'a pas la moitié du pont, ce qui paraîtrait convenable, sinon parce que les Rois très chrétiens, dans les temps passés, ont dû lui en usurper une partie. Les juifs peuvent aller jusqu'à cette limite, mais s'ils mettaient un pied du côté de la France, on pourrait impunément les mettre à mort.

De l'autre côté d'Avignon, vers l'orient, à un demi-mille de distance, coule la Durance ; c'est un vilain cours d'eau qui se jette tout près de là dans le Rhône.

La ville est traversée par trois rivières, une quatrième arrose les fossés, toutes sortent de la Sorgues, laquelle prend sa source dans un village appelé Vaucluse, éloigné d'environ six lieues. Cette source, qui se trouve au pied d'une montagne, est si grosse qu'elle se sépare rapidement en six ou sept cours d'eau ; l'un d'eux, la Sorgues, devient une très grosse rivière.

Au nord est le mont Ventoux que célébra Pétrarque, il est éloigné de quatre lieues, mais toute la ville pourrait bien se nommer *Ventosa*, car, en effet, il y souffle presque toujours un vent cruel.

Avignon possède une Université qui a toutes les facultés. Il y a dans cette ville un grand nombre de marchands et de gentilshommes.

L'église archiépiscopale, qui est proche du château, fut construite, dit-on, par sainte Marthe, sous le vocable de la Sainte-Vierge[1] ; elle est petite et très basse, car, à cause des vents, on n'a pas osé la faire plus élevée et on n'a pu la faire plus vaste, faute de place. Vingt chanoines en sont titulaires, et doivent revêtir pour l'office divin la chape et le rochet, comme le font ceux de Saint-Pierre de Rome[2]. Dans les chapelles de cette église sont enterrés plusieurs papes qui moururent à Avignon au temps où s'y trouvait le siège apostolique.

Sous le portique qui donne accès à l'église, à main droite, se voit une fresque de saint Georges que Pétrarque fit faire, dit-on, au temps où la cour apostolique résidait à Avignon[3]. Beaucoup veulent que la jeune fille qui allait être dévorée par le serpent, comme on le raconte dans l'histoire, soit un portrait d'après nature

1. Notre-Dame des Doms.
2. Cette coutume s'est conservée à la cathédrale d'Avignon.
3. Cette fresque a entièrement péri ; tout au plus le portrait de Notre-Dame des Doms garde-t-il encore quelques faibles traces d'une *Vierge*, longtemps célébrée comme le chef-d'œuvre du maître Siennois Simone Martini.

de Laure [1] ; elle est agenouillée, les mains levées au ciel. Que ce soit vrai ou non, la jeune fille a un air charmant de jeune villageoise, elle n'a pas de chapeau sur la tête comme la mode actuelle est d'en porter en France, mais des rubans sont mêlés aux tresses de ses cheveux, ainsi que font les Napolitaines. Auprès de cette fresque sont écrits les vers suivants du poète ; d'après les uns, ils sont adressés à saint Georges pour le supplier de bien vouloir éteindre le flambeau occulte de la guerre ; d'après les autres, ce seraient des vers d'amour. D'autres encore qui connaissent l'histoire de ce temps prétendent qu'ils font allusion à certaine guerre secrète que préparait le roi d'Angleterre contre la France :

> Miles in arma ferox, bello captare triumphum
> Et solitus vastas pilo transfigere fauces
> Serpentis, tetrum spirantis pectore fumum,
> Occultas extingue faces in bello, Georgi [2] !

Auprès de l'église, sur une vaste place qui s'étend devant le château, s'élève un petit palais moderne garni de tours ; il est assez beau et bien

1. Laure de Noves, née en 1307, épousa Hugues de Sade en 1325, eut onze enfants, mourut en 1348. Pétrarque l'aima d'un amour immortel.
2. « Fier soldat sous les armes, habitué aux triomphes de la guerre et à transpercer du javelot la gueule béante du serpent qui vomit une fumée noirâtre, éteins dans le combat les flambeaux qui se cachent, ô Georges ! »

compris. Le pape Jules II, d'heureuse et immortelle mémoire, le construisit au temps où, cardinal, il résidait en ce lieu comme archevêque et légat ; il en fit don à l'archevêché [1].

Le château, résidence des souverains pontifes durant tant d'années, est un admirable édifice : fait tout entier d'énormes pierres, il possède une quantité d'appartements qui sont presque tous voûtés. Il est construit en forteresse et son enceinte est ornée de six grosses tours, comme on en voit au palais de Saint-Pierre de Rome ; il y en a aussi à l'intérieur, mais plus petites. Le château est très haut et possède tant de petits escaliers en spirale ou autres, tant de marches et de portes, toujours en pierre, que cela semble un labyrinthe. Il n'est plus habité qu'en partie, depuis que le Saint-Siège est retourné à Rome ; aussi s'est-il beaucoup détérioré ; cependant il y a encore de belles salles, quelques-unes bien conservées, d'autres à demi ruinées. Celle où se tint le conclave, qui est très grande et longue, et celle du consistoire sont intactes. La plus atteinte est la plus grande de toutes, je ne sais à quoi elle pouvait servir, si ce n'est aux audiences publiques [2].

1. Ce petit palais a été détruit.
2. On sait en quel triste et honteux état se trouve, depuis la Révolution, cet admirable palais.

Le château renferme une chapelle plus grande
et plus aérée que la chapelle Sixtine au palais
de Rome. Au-dessous, se trouve une salle où se
tenait la Rote, elle est très belle.

Tout le sous-sol du palais a été creusé et dis-
posé en caves et autres pièces souterraines. Il y
a encore une tour carrée très commode. Pas une
fenêtre du palais, grande ou petite, — et il y en
a une infinité, — qui n'ait des barres de fer aussi
grosses que serrées ; en y ajoutant les chaînes
de fer qui sont fixées dans les voûtes et les
murs, et les autres ferrures qui attachent les
grosses pierres l'une à l'autre, on calcule que
cela fait un total de trois cent mille quintaux[1]
de fer.

Avignon avait été prêtée seulement à l'Église,
avec le reste du comté, par un seigneur de la
maison d'Anjou qui en était alors possesseur,
avec promesse de pourvoir aux frais de toutes
les améliorations. Le pape de l'époque fit de
telles dépenses pour construire ce palais qu'il
fut impossible au dit seigneur de continuer à y
satisfaire. Aussi préféra-t-il abandonner complètement la ville et le comté à l'Église.

Le cardinal d'Auch a fait restaurer plusieurs
parties du château. La ville peut se fermer com-

1. Le quintal vaut en France 50 kilogrammes, à Florence 75.

plètement avec des chaînes ; nous y restâmes
quatorze jours. Le dernier soir, Monseigneur
le légat donna dans son palais un immense banquet ; il y vint de nombreuses et belles femmes.
Après dîner, les convives dansèrent jusqu'à
minuit, s'amusant avec beaucoup de licence et
de dévergondage.

D'AVIGNON A MARSEILLE

Le 20 novembre, nous sommes partis d'Avignon après déjeuner, pour aller coucher à Arles,
qui est à sept lieues. A une lieue d'Avignon,
pour que la barque pût accoster aux rives de la
Durance, il fallut que quelqu'un allât en avant
afin de casser la glace.

Trois lieues plus loin, en Provence, on rencontre Tarascon, ville de la couronne. En traversant l'église principale, consacrée à sainte
Marthe, nous avons vénéré la tête de cette sainte,
qui est recouverte d'argent.

Tarascon n'est pas une grande ville, mais
elle possède un château pareil au nouveau
château de Naples, que fit construire le père du
roi René ; néanmoins il n'est pas aussi grand [1].

Bien que la Durance ne soit pas un fleuve très

1. L'église et le château de Tarascon subsistent encore,
mais bien misérablement dépouillés de leur ancien éclat.

large, son cours est très rapide. Ce jour-là,
nous la traversâmes en barque. A un mille italien d'Avignon, comme je l'ai dit, elle charriait
d'énormes blocs de glace.

C'est en cet endroit que commencent la Provence et la juridiction de Sa Majesté très chrétienne.

Arles, située dans la plaine, est bien construite, ses maisons sont en pierre ; c'est une
grande ville habitée par de nombreux gentilshommes et des dames nobles qui sont fort
belles.

A main droite, en allant vers Marseille, coule
le Rhône, éloigné de la ville d'une jetée de
pierre ; lors de notre passage à Arles, ses
deux rives étaient en grande partie gelées. Là,
dans l'église de Saint-Antoine, assez petite, et
desservie par des Frères vêtus comme ceux de
Saint-Antoine de Bienne, on voit la tête dudit
saint ; conservée dans un reliquaire d'argent,
elle est à découvert jusqu'à la mâchoire supérieure, le reste est couvert d'une barbe d'argent. Et, dans une croix, aussi en argent, on
donne à baiser la chair de ce saint.

Dans la cathédrale d'Arles, qui est assez belle,
se trouve un grand orgue. On y vénère la tête
de saint Étienne, premier martyr, un coup de
pierre est très visible sur le sourcil droit. On

dit qu'elle fut apportée par saint Trophime, premier archevêque d'Arles, qui vint de Jérusalem avec sainte Madeleine et convertit à la foi du Christ le peuple d'Arles. La tête de ce saint, recouverte d'argent ,est également conservée dans la cathédrale.

Il faut bien constater ici la confusion que l'on fait entre les reliques, puisque, ayant déjà vu, comme je l'ai dit, le corps de saint Antoine dans le diocèse de Bienne, on nous en a montré un second dans une église d'Arles. Même remarque pour l'ensemble du voyage : on nous a présenté dans la Sainte-Chapelle, à Paris, une seconde lance du Christ ; à Amiens, en Picardie, une deuxième tête de saint Jean-Baptiste[1], sans se soucier de ce que l'une et l'autre reliques étaient à Rome ; dans l'église de Saint-Étienne, à Caen en Normandie, les cheveux de ce saint, premier martyr ; à Bourges, une partie de sa tête, et, à Arles, la tête entière ; beaucoup de bras et de pieds d'un même saint et une infinité de doigts ; tant de clous de Notre-Seigneur, que la moitié fournirait cent croix ; et beaucoup d'autres choses semblables, des reliques importantes en double et en triple. Pour

1. La cathédrale d'Amiens conserve aujourd'hui encore, en effet, un « chef » que l'on croit être celui du Précurseur ; mais il est curieux que Beatis ne nous ait rien dit de son séjour dans la belle et vénérable capitale picarde.

le bois de la croix, nous avons vu, me semble-t-il,
bien plus de morceaux que la croix n'était grande ;
pour les épines de la couronne, il s'en trouve en
une foule d'endroits ; la couronne, ainsi qu'on le
remarque à la Sainte-Chapelle, est très grande,
faite d'osier et n'a plus d'épines, mais on ne
peut juger d'une façon aussi exacte que pour
les reliques, dont le nombre est déterminé, s'il
y avait plus ou moins de bois à la croix et quel
était le nombre des épines. Je ne prétends pas
dire, à propos de ces reliques en double, lesquelles sont vraies et lesquelles sont fausses,
cela ne me regarde pas. Mais je tiens à faire
observer que toutes ces confusions ou ambi-
guïtés ne touchent ni à l'essence divine, ni à
la Sainte-Trinité, ni aux dix commandements de
Dieu, ni à l'article de foi d'après lequel il n'y
a qu'un seul Dieu, ni aux douze articles du
symbole, bref qu'ils ne touchent pas d'un cheveu
à la foi. Dieu est créateur, et tous les saints et
saintes sont créatures arrivées à la sainteté par
sa grâce. Croire aux reliques est seulement
chose pieuse, et si seulement on les tient pour
vraies on peut les vénérer en toute sûreté. Des
confusions comme celles dont je parle se sont
produites par l'incurie des prêtres, qui sous
aucun prétexte n'auraient dû accepter le moin-
dre objet avant d'avoir soigneusement vérifié

son authenticité. A l'origine, il n'y avait sûrement pas chez les chrétiens de reliques en double. Maintenant la confusion remonte si haut qu'on est nécessairement obligé de la tolérer, ne pouvant plus faire de vérification. Du reste, beaucoup de villes, de cités, de peuples, qui ont depuis longtemps la dévotion à ces reliques, se feraient mille fois tuer ou brûler plutôt que d'en être privés.

Le 21 novembre, d'Arles, après déjeuner, nous allâmes dîner à Salon, sept lieues plus loin ; l'archevêque d'Arles[1], qui est Espagnol, s'y trouvait. Il est seigneur de ladite ville, au spirituel et au temporel, et, dans le château où il s'est fait aménager une fort belle demeure, nous avons fait très bonne chère.

Salon est une très petite ville ; depuis Arles jusque-là, on marche tout le temps à travers une plaine rocailleuse toute remplie de graviers.

Le 22 novembre, nous avons quitté Salon pour souper à Marseille qui est à huit lieues, chevauchant tout le long de la route au milieu de romarins dont les monts sont remplis. A mi-chemin se trouve l'étang de Berre, pareil à un grand lac ; on y fabrique du sel. D'après ce que

1. Juan Ferrer, archevêque d'Arles depuis 1499, mort en 1521.

l'on dit, il est fort peu profond, l'entrée n'est
large que de deux portées d'arbalète. Il est
appelé de Berre, d'une certaine ville de ce nom,
construite à l'extrémité d'une langue de terre
que forme l'étang et qui, de loin, semble assez
jolie.

A trois lieues de Marseille, après avoir passé
toute la journée à monter et à descendre, nous
avons traversé en un endroit montueux et pier-
reux un village appelé la Penne, et je crois qu'il
est ainsi nommé tout exprès, car ceux qui y
habitent ne peuvent, en effet, avoir de joie dans
un aussi vilain pays.

Près de Marseille, on remarque pas mal
d'oliviers, mais les arbres sont petits.

MARSEILLE

Marseille est construite dans la plaine, entre
des montagnes qui ne sont pas abruptes ; elle
est étroite et longue comme son port qui entre
de flanc dans la ville. Ce port est très fermé
et extrêmement sûr, étant creusé entre les
montagnes avec une entrée étroite d'un jet de
pierre protégée par deux tours. Il se ferme
avec des chaînes. En entrant dans le port qui
n'est pas très grand et surtout pas large, mais
très profond, on a la ville à main gauche, et à

droite un arsenal pouvant contenir neuf galères ;
le roi fait construire un nouvel arsenal à côté ;
lorsqu'il sera terminé, on pourra y abriter vingt
galères.

On a construit jusqu'aux tours d'épaisses
murailles entourées de fossés pleins d'eau ; le
port muni de ces tours aux extrémités et de ces
murs à bombardières sur les côtés n'est pas
médiocrement fortifié, et c'est nécessaire, car
l'arsenal est séparé de la ville, et sans garde
ni défense il pourrait facilement être pris ou
brûlé.

Il y avait dans le port treize galères françaises,
dont trois très grandes, toutes étaient désar-
mées ; beaucoup de navires et de galions étrangers parmi lesquels un très beau galion appartenant au Frère Bernardin, chevalier de Rhodes,
qui est Provençal et qu'on appelle le grand Corsaire. Ces jours-là, étant à Marseille, il dîna
avec le cardinal. Il possède dans la ville une
maison, et aux environs un château qui lui fut
donné par le roi de France.

Ledit Frère Bernardin s'est entretenu plusieurs fois avec mon illustrissime maître de
choses importantes. Son galion est en bois, il
est fort grand, neuf et très bien monté, principalement d'artillerie. Il est armé de douze canons, douze fauconneaux et cent arquebuses.

Ce chevalier avait encore dans le port un gros navire, aussi bien armé, et une galère désarmée.

La ville en soi n'est pas très belle. Dans la cathédrale on voit le tombeau de saint Lazare. On confectionne à Marseille beaucoup de capes[1], de toutes les couleurs et très jolies.

Du côté droit de la ville, un peu plus près des arsenaux, vers la montagne, se trouve le monastère de Saint-Victor, qui appartient au cardinal de Médicis ; il était autrefois au cardinal de San Severino, d'heureuse mémoire. Ce monastère renferme une jolie église qui est voûtée ainsi que sa crypte, bien qu'elle ne soit pas très grande. Il est fortifié et défendu à cause des Maures qui pourraient l'attaquer[2]. Dans cette abbaye résident environ cinquante moines de l'ordre de Saint-Benoît, ils mangent et habitent séparément.

Dans l'église supérieure, on vénère la tête de saint Victor et celle de saint Martin, de la chair des saints Innocents, une côte de saint Lazare, très grosse, et longue de plus de deux palmes : on peut voir d'après cela que ce saint était vraiment, ainsi que ses sœurs, comme nous

1. Sorte de manteau pour les femmes.
2. L'église de l'ancienne abbaye de Saint-Victor se voit encore à Marseille, et garde même un reflet de sa simple et puissante beauté de jadis.

l'avons constaté ensuite, d'une race de géants.
Il y a encore une infinité d'autres reliques,
toutes liées et déposées dans des châsses d'argent, parmi lesquelles une dent de saint
Pierre.

Du côté gauche de l'autel est le tombeau du
pape Urbain V, qui fut élu souverain pontife
étant abbé dudit monastère, et qui mourut à
Avignon.

Dans l'église inférieure, nous avons vu la
croix de saint André qui est très grande, toute
recouverte de fer, sauf un petit morceau que
l'on peut baiser par dévotion, mais que l'on
remet ensuite sous clef. On ne peut voir en
quel bois elle est faite. Il y a encore les restes
d'une infinité de saints et spécialement quatre
corps des sept Dormants et l'oratoire où la glorieuse Madeleine demeura avant d'aller faire
pénitence sur le mont de la Baume. On voit en
cet endroit le lit creusé dans le roc sur lequel
la sainte reposait son corps béni ; d'après la
longueur, on peut conjecturer, comme d'après
d'autres choses que je signalerai plus loin,
qu'elle était une grande femme ; de toutes manières, elle a été grande et glorieuse.

EN PROVENCE
LA SAINTE-BAUME, SAINT-MAXIMIN, ETC.

Le 24 novembre, de Marseille, nous allâmes déjeuner à Auriol, éloignée de cinq lieues. Sur la route, à trois lieues, on traverse un village appelé Levagne qui appartient à l'évêque de Marseille. A une demi-lieue d'Auriol, on voit un château appelé Roquevaire, il est situé sur une montagne de rochers, et au-dessous se trouve un petit bourg. De même, Auriol a son château au haut du mont et les habitations, peu nombreuses, sont partie sur le mont, partie dans la plaine. Tout cela appartient au monastère de Saint-Victor qui possède beaucoup d'autres châteaux autour de Marseille et une grande quantité de bénéfices. Il me semble que les revenus du cardinal de Médicis comme abbé commendataire se montent à environ deux mille ducats, et cette collation s'étend jusqu'à l'Espagne.

Le 25 novembre, d'Auriol, nous allâmes entendre la messe et déjeuner à la Sainte-Baume qui est à deux grandes lieues ; on chevauche tout le temps sur des monts neigeux, mais les routes ne sont pas trop mauvaises et la neige n'est pas très abondante. A l'arrivée on traverse une belle forêt.

Cette montagne de la Sainte-Baume est sur la droite, c'est la plus haute qui soit dans toutes ces régions, elle domine toute la Provence et surtout la mer. A son point culminant, des roches de pierre vive montent très haut et à pic, et au milieu de ce roc il y a une grande grotte où sainte Madeleine vécut trente ans dans la pénitence sans être connue ni vue jamais d'aucun œil humain. On a aménagé dans l'intérieur de la caverne un petit sanctuaire avec quelques cellules et logements pour les Frères qui se vouent au service du culte de la sainte. Ils sont seulement cinq, de l'ordre des Frères Prêcheurs.

Dans l'église, un renfoncement protégé par une grille de fer indique la pierre sur laquelle la glorieuse sainte dormit tant d'années. On distribue des morceaux de cette pierre à tous les pèlerins qui ont la dévotion d'en emporter. Par leur contact ils éteignent les ardeurs de la fièvre.

On donne aussi des cordons dont la longueur équivaut à la taille de la sainte, pour la délivrance des femmes. On les mesure sur une statue de bois qui représente sainte Marie-Madeleine étendue, et qui fut faite, dit-on, par les soins de saint Maximin ; elle reproduit la taille exacte de la sainte. Toutes les parois de la caverne et de l'église, même aux endroits cou-

verts, sont mouillées, seule la place du rocher
où dormait la sainte est toujours à sec.

Dans la grotte se trouve une fontaine donnant
une très belle eau, qui reste toujours également abondante. Les Frères et les étrangers
boivent de cette eau, elle sert aussi à laver, et
on l'emploie pour tous autres usages. Quant à
nous, nous avons tous bu avec Sa Seigneurie,
pour satisfaire notre dévotion, l'eau qui se
trouve au bas de la grotte et ne jaillit pas.

Au haut de la montagne on a construit une
petite chapelle, à l'endroit où la glorieuse sainte
était élevée sept fois le jour par les anges en
des extases de prière et en colloques angé-
liques, ainsi que le racontent ici même les vers
de Pétrarque, qui resta trois jours et trois nuits
dans ce sanctuaire par dévotion à la sainte :

Douce amie de Dieu, laisse-toi fléchir par mes larmes,
accueille favorablement mes prières et veille sur mon
salut ; car tu le peux. Ce n'est pas en vain qu'il t'a été
permis de toucher les pieds sacrés du Sauveur, de les
baigner de tes larmes, de les essuyer avec tes beaux
cheveux, de baiser ses pieds et de verser sur la tête du
Seigneur des odeurs précieuses. Ce n'est pas en vain
que le souverain roi du royaume céleste, Jésus-Christ,
t'a accordé l'immortel honneur (qui demeurera éternel-
lement attaché à ton nom) de recevoir sa première
visite après sa résurrection, d'entendre le son de sa voix
sacrée, et de voir son corps divin. Il t'avait vue te
presser au pied de la croix, affronter sans crainte les

tortures des Juifs, les opprobres et les insultes de la foule en fureur, ainsi que ses invectives plus blessantes que les coups ; il t'avait vue triste mais intrépide, toucher de tes mains les clous ensanglantés, baigner les blessures d'un torrent de larmes, meurtrir violemment la blanche poitrine et arracher de tes propres mains tes blonds cheveux. Il t'avait vue agir ainsi, dis-je, tandis que la crainte dispersait tous ceux qui auraient dû lui demeurer fidèles. Mais aussi, par reconnaissance, c'est toi la première qu'il visita après sa résurrection ; c'est à toi qu'il se présenta d'abord. Et lorsqu'après avoir quitté la terre il fut retourné aux cieux, pendant six lustres il pourvut à tous tes besoins et te nourrit lui-même dans cette grotte où tu t'étais réfugiée, te contentant, pendant un si long espace de temps, de ces mets divins et d'une rosée rafraîchissante. Cet antre humide, dont les rochers ruissellent sans cesse et dont l'obscurité est effrayante, t'a servi de demeure et l'emportait pour toi sur les palais dorés des rois, sur toutes les délices et sur de riches campagnes. Dans cette grotte, où tu t'es volontairement enfermée, couverte seulement de tes longs cheveux qui sont ton unique vêtement, tu as passé trente hivers sans être rebutée par le froid ni ébranlée par la crainte ; car l'amour et l'espérance profondément gravés au fond de ton cœur te faisaient chérir le froid, la faim et même le dur rocher qui te servait de couche. Là, inaccessible à la vue des hommes, accompagnée des légions d'anges, soulevée de terre chaque jour pendant sept heures, tu as été jugée digne d'échapper à ta prison corporelle et d'entendre les chants alternatifs des chœurs célestes.

Au bout de trente années, sainte Madeleine fut conduite par les anges vers saint Maximin, et le jour de Pâques, après avoir été communiée de la main du dit saint, elle s'affaissa sur une pierre qui se voit encore dans l'église, et rendit son âme à Dieu.

De la Sainte-Baume, après avoir déjeuné, en partie avec les aliments des Frères qui ne mangent pas de viande et en partie avec les provisions que nous avions emportées d'Auriol, nous allâmes à Saint-Maximin, qui est à cinq lieues de là. A une demi-lieue de la Sainte-Baume, dans une grande descente, on traverse un petit village appelé Nans qui appartient aussi au monastère de Saint-Victor.

Saint-Maximin est une ville neuve et médiocre, elle est construite sur l'emplacement d'*Aquense*, qui avait été convertie à la foi chrétienne par la prédication de sainte Madeleine. Saint Maximin en fut le premier évêque. Elle est située dans la plaine et appartient au roi.

On y voit l'église de Saint-Maximin, très grande et belle, bien qu'elle ne soit pas complètement achevée. Elle est desservie par plus de soixante-dix Frères du même ordre que ceux de la Sainte-Baume ; ils sont exempts, m'a-t-on dit, de l'obéissance au général des Dominicains et ne reconnaissent d'autre supérieur que leur prieur [1].

1. Cette belle église est aujourd'hui la paroisse de Saint-Maximin.

Dans une chapelle souterraine, ou plutôt dans une grotte qui est sous l'église, on voit, exposée sur l'autel dans un reliquaire d'argent, la tête de la glorieuse sainte couverte d'un masque, d'argent également, qui s'enlève afin que l'on aperçoive la tête voilée seulement d'un cristallin à travers lequel on distingue qu'il n'y a plus aucune chair, sinon au-dessus du sourcil gauche à l'endroit qu'effleurèrent trois doigts de Notre-Seigneur lorsqu'il dit à la sainte : « Ne me touche pas !... » Cette relique est d'authenticité certaine et inspire une vive dévotion. D'après la tête qui est très grande et qui possède encore toute la mâchoire et des molaires, d'après l'os du bras et ce que j'ai dit précédemment, on peut facilement constater que sainte Madeleine était une très grande femme.

On vénère dans la même chapelle le corps de saint Maximin, qui est dans un coffre de fer. Nous avons vu là aussi du sang de Notre-Seigneur Jésus-Christ, conservé dans un petit flacon qui est lui-même déposé dans une carafe plus grande. Tout le monde ici affirme que ce sang fut recueilli par la très glorieuse Marie-Madeleine, au pied de la croix ; elle le porta toujours avec elle par dévotion. On a la preuve que c'est bien le sang de Notre-Seigneur par un miracle évident qui se renouvelle chaque année : le vendredi-saint, jour de la douloureuse Passion, le sang commence à se liquéfier et à bouillonner avec tant de violence et de bruit, qu'on l'entend jusqu'au dehors de la chapelle. Ce très précieux sang, à cause de la façon dont il fut recueilli, est mêlé avec de la terre, aussi est-il devenu dur comme de la pierre ; or, le vendredi-saint, il se liquéfie tellement qu'il sort de la petite carafe et coule dans la grande, s'y répand et augmente suivant les phases de la si cruelle Passion. Et tout à coup, quand sonne l'heure de la mort de Notre-Seigneur Jésus-Christ, tout ce sang répandu se retire dans le flacon et revient à sa dureté primitive.

De toute la Provence et de presque tous les pays voisins, on vient voir ce spectacle stupéfiant et glorieux. Cette petite chapelle se ferme avec de nombreuses clefs, parce que la tête de la sainte n'étant pas très gardée, il arriva qu'un Frère de l'ordre, qui était Padouan d'après les uns, Napolitain selon les autres, entraîné par le zèle d'une dévotion exagérée, choisit un instant où il put entrer facilement dans la chapelle, afin d'y voler la tête de la sainte. Empêché par un vrai miracle de la porter hors de l'église, il fut contraint de la remettre à sa place, mais, tenté par le démon, il voulut au moins emporter l'argent qui la recouvrait et il s'enfuit avec son larcin. Les Frères découvrirent ce crime le lendemain matin. Avertis que le Frère Padouan ou Napolitain en était l'auteur, ils se mirent à sa poursuite et l'ayant retrouvé dans un bois, à une lieue de là, qui ne pouvait plus faire un pas ni en avant ni en arrière, ils s'emparèrent de lui et en firent justice.

Sur l'autel principal de l'église, dans un coffre d'argent, on vénère le corps de sainte Madeleine : un de ses bras est enchâssé dans de l'argent, une petite ouverture pratiquée dans le métal permet de baiser la relique et aussi de constater la grosseur des os. Là encore, dans un reliquaire de cristallin, on voit des cheveux de la sainte ; ils sont plus beaux que l'or et, d'après ce que l'on dit, seuls sont conservés ceux qui touchèrent les pieds sacrés de Notre-Seigneur Jésus-Christ ; les autres ont été réduits en poussière. Le bras de saint Maximin, la tête de l'aveugle-né auquel le Christ rendit la vue, celle de la femme qui lui dit : « Bienheureuses les entrailles qui vous ont porté... »; les têtes d'Alfred et Blaise, disciples de saint Maximin, de Suzanne qui fut guérie d'un flux de sang, sont dans des reliquaires d'argent, riches et admirablement ciselés, déposés sur le dit autel. Ces saints et saintes sont ceux qui furent exposés avec sainte Marie-Madeleine sur l'océan, par les infidèles, dans le même navire sans pilote, afin qu'ils fussent engloutis, et qui, finalement, avec l'aide divine, arrivèrent à Marseille, en l'année 34 de Notre-Seigneur, comme cela est raconté en détail dans le bréviaire, en l'office de Sainte-Marthe.

Dans cette église, des vers en l'honneur de sainte Marie-Madeleine sont gravés sur des tables, ils furent rédigés pár Mario Equicola, maître d'hôtel de l'illustrissime marquise de Mantoue, lorsque la dite princesse vint en ce lieu par dévotion :

Salut, vous qui êtes mon refuge, ô Madeleine, qui avez su plaire à votre Sauveur le Dieu fait homme; pourquoi un silence perpétuel serait-il dû à vos mérites insignes ? Tandis que suppliante à vos pieds s'acquitte de son vœu la princesse dont Mantoue reconnaît l'empire avec celui de Gonzague son époux, (Isabelle) enfant de Ferrare, fille de l'illustre Hercule d'Este et d'une mère issue des rois d'Aragon, telle est la prière que vous adresse Equicola.

Le 26 novembre, de Saint-Maximin, après avoir entendu la messe et déjeuné, nous allâmes souper au Luc, ville de Monseigneur de Solier, qui fut ambassadeur du roi de France à Rome ; elle est du diocèse de Fréjus et située à sept lieues de Saint-Maximin. Le chemin est fort mauvais par endroits. Au bout d'une lieue, on traverse une ville de peu de maisons avec un petit hameau, elle se nomme Tourves ; à une autre lieue, on rencontre Brignoles, ville qui possède un beau faubourg.

FRÉJUS

Le 27 novembre, du Luc, nous allâmes déjeuner et dîner à Fréjus, en latin *Forum Julii*, distante de sept lieues. Par moments la route est très mauvaise. A une courte distance du Luc se trouve une petite localité : le Canet ; située sur un mont, elle est seigneuriale. Deux lieues plus loin est un village qui se réduit à une rue, il s'appelle Vidauban et à deux autres lieues, on voit le Muy, ville seigneuriale. Une lieue avant Fréjus, on traverse le Puget, petit village qui appartient à l'évêché de Fréjus.

Dans cette journée, bien que je ne me souvienne ni du nom de la ville, ni de l'endroit exact, je me rappelle cependant fort bien que nous avons rencontré une montagne qui, d'après le récit des habitants, recouvrit complètement, il y a de longues années, une belle ville, pour y châtier l'abominable vice de Sodome. C'est ainsi que, à de nombreuses reprises, Dieu voulut montrer à ce misérable monde sa puissance et sa justice, pour confirmer les justes et servir d'exemple aux pécheurs. Le dit mont, sur lequel on marche pendant un demi-mille italien avec beaucoup de difficulté, semble complètement dévasté.

Fréjus n'est pas une grande ville et est peu ornée. L'église est très basse et obscure, bien que l'entrée soit belle ; elle ressemble à une caverne et elle est fort mal construite [1]. Monseigneur Fieschi [2] en est évêque ou perpétuel administrateur.

Au dehors de la ville, à peu de distance, on voit un théâtre pas trop ruiné, des aqueducs et d'autres vestiges de l'antiquité romaine [3]. Cette région était très recherchée par les Romains à cause de ses plaisirs et de son commerce, c'est pourquoi elle fut appelée province romaine.

Le 28 novembre, de Fréjus, nous sommes allés jeûner, car c'était la vigile de Saint-André, à Cannes, qui se trouve à cinq lieues de montagne. Auprès de Cannes, à une lieue, nous

1. La vénérable cathédrale de Fréjus, qui s'est heureusement conservée, n'est pas sans mériter encore les reproches que lui fait notre voyageur.

2. Niccolo Fieschi, évêque de Fréjus en 1495, fait cardinal par Alexandre VI en 1503, mort en 1524.

3. Tout cela subsiste, « pas trop ruiné », aux portes de Fréjus.

passâmes une rivière en barque, la Siagne ; elle n'est pas très large, mais elle est profonde et son eau est fort belle.

CANNES, ANTIBES, NICE

Cannes, où Monseigneur l'évêque de Grasse[1] nous accueillit très aimablement et où nous fîmes très bonne et abondante chère, avec force gros et excellents poissons, appartient à l'abbaye de Sa Seigneurie appelée Saint-Honorat. Bien que Cannes renferme peu de maisons, comme elle est au bord de la mer et possède une magnifique perspective, elle est fort belle et a l'air charmant. L'évêque s'y est fait construire un château où il y a beaucoup d'appartements commodes.

En face de la ville sont deux petites îles ; dans la plus éloignée, qui est à deux milles italiens, se dresse le monastère de Saint-Honorat, de l'ordre de Saint-Benoît, où vivent vingt-quatre moines ; les revenus en sont de deux mille ducats par an. Mon illustrissime maître,

---

1. Agostino Grimaldi, évêque de Grasse depuis 1505 et abbé de Saint-Honorat, était depuis 1498 coadjuteur de son oncle Giovan-Andrea Grimaldi dans cette dignité. En 1523, après l'assassinat de son frère Luciano, seigneur de Monaco, il fut chargé du gouvernement de Monaco ; il mourut en 1532.

qui s'y rendit avec quelques-uns d'entre nous
et l'évêque de Grasse, dit que ce monastère est
très beau et bien fortifié à cause des Maures
qui pourraient l'attaquer, et que l'île est charmante et fort agréable.

L'évêque y demeure tout le carême et ordinairement la plus grande partie de l'avent et la
vigile de chaque saint. En bon religieux, il
jeûne tous ces jours-là. Non seulement il est
de sang noble et de bonne doctrine, car il est
très savant, mais c'est un prélat de bonne conscience et de sainte vie; il est extrêmement
pieux, ainsi que le prouvent les pèlerinages
qu'il fit à Saint-Jacques en Galice, à Saint-
Thomas en Angleterre, dans tous les sanctuaires
de France et d'Italie, et récemment au Saint-
Sépulcre. Il a fait don du dit monastère aux
religieux, qui pourront en jouir après sa mort.
Et dès maintenant, pour les vivres et les vêtements, il donne aux moines une annuité de huit
cents ducats, bien que déjà Sa Seigneurie, avec
son évêché et quelques autres morceaux de
bénéfices qui y tiennent, dépense environ trois
mille ducats par an.

Le 29 novembre, de Cannes, nous sommes
allés avec Monseigneur Grimaldi déjeuner à
Antibes, qui est éloignée de deux lieues. Dans
cette ville, qui est très jolie et abonde en excel-

lent muscat, nous fûmes fort aimablement reçus par le neveu de Monseigneur de Grasse qui en est seigneur.

On voit à Antibes un amphithéâtre en ruine et, à deux portées d'arbalète, sur la route qui vient de Cannes, un arc de triomphe en pierre et un morceau de route ancienne, large, bien pavée de pierres blanches très grosses[1]. Sur cet arc, certains caractères anciens que je n'ai pas pu lire expliquaient, paraît-il, que ces travaux furent exécutés par Hercule, qui serait venu en ce pays.

D'Antibes nous allâmes avec Monseigneur l'évêque de Grasse et son neveu, très gentil jeune homme d'environ vingt ans dont la femme très belle et gracieuse se montre peu, dîner à Nice, qui se trouve à trois lieues.

Une lieue avant d'arriver, nous avons passé à gué, bien qu'il y eut une barque, une rivière : le Var, qui sépare l'Italie de la France, ou plutôt de la Provence, ce qui est la même chose.

La ville de Nice est sur la mer, construite partie en montagne et partie en plaine ; elle est très belle et grande, dotée de belles femmes portant des robes qui ne descendent qu'aux

---

1. Nulle trace de l'arc de triomphe ni de l'amphithéâtre n'a survécu à Antibes, où l'on sait que les magnifiques et vénérables remparts de la ville ont eux-mêmes été rasés, il y a quelques années.

genoux. Nice, suivant l'opinion courante, est appelée ainsi parce qu'elle n'est ni ici, ni là ; elle n'est ni en Italie, ni en France, se trouvant juste aux confins extrêmes des deux pays. A cause de cela, elle porte sur ses armoiries un aigle avec une patte levée qu'il ne pose nulle part.

La ville est dominée par son château fort[1]. On y boit de bons vins ; il s'y trouve en abondance des oranges et des citrons gros comme je n'en ai jamais vu. Le duc de Savoie en est seigneur.

MŒURS ET COUTUMES DE LA FRANCE
CHOSES ET GENS

Je n'ai pas décrit les particularités de la Bretagne, de la Normandie, de l'Île-de-France, du Dauphiné et de la Provence, comme je l'ai fait pour la Haute-Allemagne, la Flandre et le petit coin de Picardie que nous avons visité. Je n'ai pu le faire, car nous sommes plusieurs fois allés et venus d'une province dans l'autre ; maintenant que nous nous retrouvons dans la belle, douce, amène et suave Italie, je me fais un devoir de revenir sur ces provinces. J'y mettrai toute la brièveté possible, car je suis las d'un aussi

1. Le château de Nice a été détruit ; à peine en peut-on voir quelques pierres éparses.

long voyage où j'ai vu tant de coutumes et de gens si différents de ce qu'on rencontre chez nous.

Et comme ces régions ont dans l'ensemble les mêmes habitudes, je les confondrai et ne les distinguerai l'une de l'autre que lorsque cela me paraîtra nécessaire. Je commence par la manière de se loger.

Généralement on se loge bien et de meilleure façon qu'en Allemagne, où l'on trouve dans les chambres autant de lits qu'elles en peuvent contenir : en France, il y a dans chaque chambre un lit de plume pour le maître, le petit lit du valet, et un bon feu.

On mange de bons potages, des pâtés et des gâteaux de toutes sortes. La viande de veau est généralement bonne, celle de mouton est la meilleure, de sorte que pour une épaule de mouton rôtie avec de petits oignons comme on l'accommode dans toute la France, on laisserait volontiers la chère la plus délicate. Les perdrix, les faisans, les perdreaux, les paons, les lapins, les poules et les chapons s'y trouvent en quantité, à bon marché et fort bien apprêtés. On y mange du gibier de toutes sortes et plus gros que je n'en ai jamais vu, l'usage étant de ne le chasser que durant la saison qui convient à chaque espèce.

Cependant, de toutes les dites provinces,

celle qui offre les meilleurs logements et où les conversations des gentilshommes sont les plus affinées, est la France propre.

Dans toutes les provinces, notamment en Ile-de-France, on a l'habitude de revêtir de plâtre les fenêtres, les portes et spécialement les cheminées, ce qui leur donne une apparence somptueuse.

Les vêtements des hommes et des femmes sont pareils dans les diverses régions, bien qu'en Ile-de-France, pour la raison que j'ai dite plus haut, les vêtements soient plus ajustés et faits de meilleurs draps. Partout les femmes ont des fourrures à leurs robes, généralement d'agneau, à cause des grands froids qu'il fait. Sous des chaperons de velours ou de drap, elles portent des bonnets de toile attachés sous le menton, qui tiennent assez chaud. Les jours de pluie elles mettent certaines toques en poils de chèvres.

Les femmes exécutent toutes sortes de travaux et vendent dans la plupart des magasins, comme en Flandre et en Allemagne. Pas d'hôtellerie qui n'ait trois ou quatre chambrières; les femmes sont généralement belles, mais pas autant qu'en Flandre, agréables et gracieuses. On les baise sur les joues par honneur et courtoisie. Dans plusieurs villes des dites provinces,

les femmes rasent les hommes, elles le font
fort bien, avec adresse et légèreté. On donne
de nombreux banquets ; toutes les dames ou
demoiselles nobles du pays dansent beaucoup
et avec autant de grâce et d'esprit qu'on peut
imaginer.

Bien que la langue soit la même partout, certains mots diffèrent d'une province à l'autre.

A cause de la résidence de la cour, l'Ile-de-
France, comme je l'ai dit, est plus aristocra-
tique, plus civilisée que tout le reste du pays.
Les hommes sont de petite taille et manquent
de prestance, sauf les gentilshommes qui ont
généralement très bonne figure. La plupart de
ceux-ci portent les armes et ceux qui ne sont
pas à l'armée vivent auprès du roi, recevant de
lui une pension, pour suivre la cour quatre mois
de l'année. Leur service fini, ces gentilshommes
peuvent aller où il leur plaît. Habituellement
ils passent le temps où ils sont exemptés de la
cour dans leurs châteaux ou maisons, qui sont
entourés de bois où ils chassent et où ils vivent
à fort peu de frais. Ces seigneurs sont affran-
chis de tout paiement et imposition tandis que
les paysans, leurs sujets, sont exploités, pourchassés plus que des chiens ou des esclaves[1].

---

1. Le peuple était-il vraiment si malheureux? Beatis
semble avoir un peu exagéré. Dans la grande *Histoire de*

Les gentilshommes, aussi bien que les plébéiens : marchands et individus de tous états et de toutes conditions, en un mot tous les Français, sont avides de s'amuser et de vivre gaiement. Ils s'adonnent à la nourriture, à la boisson et aux plaisirs galants, à tel point que je ne sais comment ils peuvent faire encore quelque chose de bon.

Pour en finir avec les gentilshommes français, je dirai que tous, pour tant de prérogatives, dons et privilèges dont ils sont comblés, peuvent rendre grâce à Dieu plus que tous ceux des autres pays, étant certains que, nés gentilshommes, ils ne mourront pas de

France, D'ERNEST LAVISSE, chez Hachette, t. V, il est rapporté ceci : un chroniqueur anonyme raconte qu'en l'an 1510 (sept ans avant le voyage de Beatis), Louis XII alla visiter sa ville de Troyes; le populaire, hommes et femmes, s'assembla pour voir le roi. Un vieux laboureur répondait à un gentilhomme qui s'étonnait de cet empressement : « Il est si sage, il maintient justice et nous fait vivre en paix et ha osté la pillerie de gens d'armes et gouverne mieux que oncques Roi ne fit. » Plus loin, appréciant le règne de François I", l'*Histoire de France* dit : « La classe populaire commença à grandir... Pour la classe des gens mécaniques, c'est-à-dire des petits patrons et des petits ouvriers, on ne voit guère de changements à signaler. Il n'y en eut pas plus dans le peuple des campagnes. Le servage existait encore en certaines parties de la France. S'il avait disparu complètement de la Normandie et presque complètement du Languedoc, on le retrouve en Nivernais, en Bourbonnais, en Auvergne et tout particulièrement en Bourgogne... Le roi conférait le droit d'affranchir ou bien même concédait directement la liberté. Il y a de très nombreux actes de ce genre sous François I". »

faim et n'exerceront aucun métier vil, comme en exercent la majeure partie de nos nobles italiens, dont bien peu vivent en vrais seigneurs.

Les villes et villages de toutes les provinces sont loin d'avoir la beauté et le charme de ceux de l'Allemagne et des Flandres, tant s'en faut, aussi bien sous le rapport des places et des rues que sous celui des maisons ou autres édifices publics. De plus ils ne sont pas, pour la plus grande partie, fortifiés, ni garnis de murailles et de fossés profonds comme ceux de ces pays. Néanmoins on y voit généralement de belles églises et le culte divin est bien organisé. Il n'y a pas en France de cathédrale ni d'église un peu grande où toute l'année on ne puisse entendre de la musique figurée et où ne se chante plus d'une messe par jour. Chaque église possède six ou huit jeunes garçons qui apprennent à chanter et à servir au chœur: ils ont la tête rasée comme de petits frères, et sont nourris et habillés comme eux; tous ont un vêtement de drap rouge avec capuchon comme en portent les chanoines italiens; il en est de même dans toute la Flandre et dans beaucoup de villes d'Allemagne.

L'Ile-de-France est presque toute en plaines, la Bretagne et la Normandie également; ces deux dernières provinces ont beaucoup de villes sur l'Océan.

En Picardie, en Normandie et en Bretagne, outre le fumier pour engraisser les terres, on emploie une certaine terre, blanche comme du plâtre, que l'on trouve en creusant assez profondément.

En Bretagne, Monseigneur l'évêque de Nantes, le comte de Laval et beaucoup d'autres seigneurs et gentilshommes affirment que, de la putréfaction des mâts des navires qui sombrent dans ces mers, naissent certains oiseaux qui ne sortent de l'eau pour vivre sur la terre que lorsqu'ils ont toutes leurs plumes ; jusque-là, ils restent fixés au mât par le bec[1]. Ceci est contraire aux lois naturelles qui veulent que les animaux ayant des poumons ne puissent vivre sans air ; cependant beaucoup de ces oiseaux, au dire de ces seigneurs, existent en Bretagne, et l'expérience semble contredire la raison. Ils ont la taille d'un gros canard et sont très amusants à voir. Mon illustrissime maître en reçut deux de l'évêque de Nantes, mais par l'incurie du charretier qui les transporta dans une cabine découverte, ils moururent de froid

1. Il convient de rappeler au lecteur que les affirmations du comte de Laval sont éminemment sujettes à caution. (Voir p. 180.)

près de Marseille, ville où furent envoyés divers objets et une litière royale que Sa Seigneurie avait fait faire à Blois. On embarqua tout cela pour Rome, sur un galion, avec deux cent cinquante chiens, grands et petits, des lévriers et des alezans. Déjà le cardinal avait envoyé depuis Lyon, par terre, à Rome, vingt-huit chevaux, coursiers, poneys écossais et haquenées.

Dans ce pays, on ne mange pas les huîtres dans les mois d'avril et mai, car on dit qu'elles ne sont pas bonnes. Parmi les produits marins, on voit une sorte d'écrevisse longue et noire à carapace molle.

Toutes les provinces ont en abondance de l'avoine et du blé, des vaches rouges, comme en Allemagne, beaucoup de brebis dont la laine est très fine. Bien que ce pays ne soit pas dépourvu de bois, les porcs y sont peu nombreux, mais ils sont très gros, principalement en Savoie, et généralement ils sont roses ; on ne les mange guère que salés.

Le Dauphiné possède une très grande race de vaches et de bœufs, noirs comme un velours fin. A Avignon, certaines chèvres ont de grandes oreilles longues d'une palme avec des taches de diverses couleurs. Dans toutes les provinces où nous avons vu de ces bêtes, elles ont des poils aussi fins que la laine de nos brebis.

En Normandie et en Bretagne, à cause des grands froids, il n'y a pas une seule vigne ; à la place des vignobles, on a de grands terrains tout plantés de poiriers et de pommiers ; les habitants tirent le jus de leurs fruits afin de le boire pendant l'année. Cette boisson s'appelle le cidre ; elle est plus agréable au goût que la bière, sans comparaison, mais elle n'est pas aussi saine. On en fait une grande quantité en pressant les poires et les pommes jusqu'à ce qu'elles soient complètement écrasées dans des pressoirs comme ceux qui servent à extraire l'huile des olives. La bière est très saine parce qu'elle se fait d'eau, d'orge, d'avoine et d'épeautre bien cuits où l'on met à infuser des fleurs de houblon qui sont fades au goût mais rafraîchissantes. Ces substances se cuisent trois fois, cependant la bière est meilleure après la première cuisson. Les bières de Flandre sont généralement très bonnes, et l'on en produit en quantité. On y met du houblon admirablement cultivé commes les vignes de nos terres ; il est, dit-on, très beau.

On voit des pommes et des poires d'hiver qui poussent à merveille, notamment une espèce appelée Bon Chrétien ; il n'y a guère d'autres fruits.

Dans la plus grande partie du pays, comme il

n'y a pas d'olives on use d'huile de noix ; les noyers abondent. On remarque aussi quelques noisetiers et amandiers, peu de pruniers et quelques griottiers.

Tous les fleuves et rivières étant nombreux et navigables, les Français en retirent de grandes commodités.

Dans l'Ile-de-France on commence à voir des vignes qui donnent de bons vins rouges et blancs. On y fabrique aussi en assez grande quantité un vin de cerise appelé clairet, fort agréable à boire, léger et rafraîchissant. Jamais nous n'en avons goûté de pareil. On voit aussi des vignobles en Dauphiné, en Savoie et en Provence et on y trouve aussi beaucoup de figues et une grande quantité d'olives à cause de la douceur de l'air marin.

Il y a beaucoup plus de fruits en Ile-de-France qu'en Normandie et en Bretagne, mais on n'y voit pas de figues. A Avignon, au moment où nous y avons passé, en novembre, nous avons mangé des figues noires excellentes et certains raisins très fermes, cueillis sur les vignes. A Naples, au moment de la saison, il n'aurait pas été meilleur.

Les lieues de Bretagne sont les plus longues, j'estime que chacune vaut quatre milles italiens. En Normandie, en Dauphiné, en Provence et dans le petit coin de Savoie que nous avons traversé, elles en valent trois. Celles de l'Ile-de-France équivalent à deux milles italiens, ce sont les plus courtes et, comme entretien de route, les meilleures. En moyenne, dans les quatre provinces du royaume propre de France, une lieue vaut trois milles italiens.

Sur toutes les routes des dites provinces, on a l'habitude d'ériger des croix, mais les calvaires allemands l'emportent par la quantité.

Les morts, excepté les nobles et les riches, sont enterrés hors des églises et, ce qui est pire, dans des cimetières qui ne sont pas fermés, si bien que, dans les villages, on voit les tombeaux épars autour des églises, comme si les morts qui y reposent étaient des juifs et non des chrétiens.

Partout la justice est sévère, de sorte qu'on rencontre quantité de potences toujours bien fournies.

J'achève ici la description de ce que j'ai pu voir et noter sur place au cours de mon voyage.

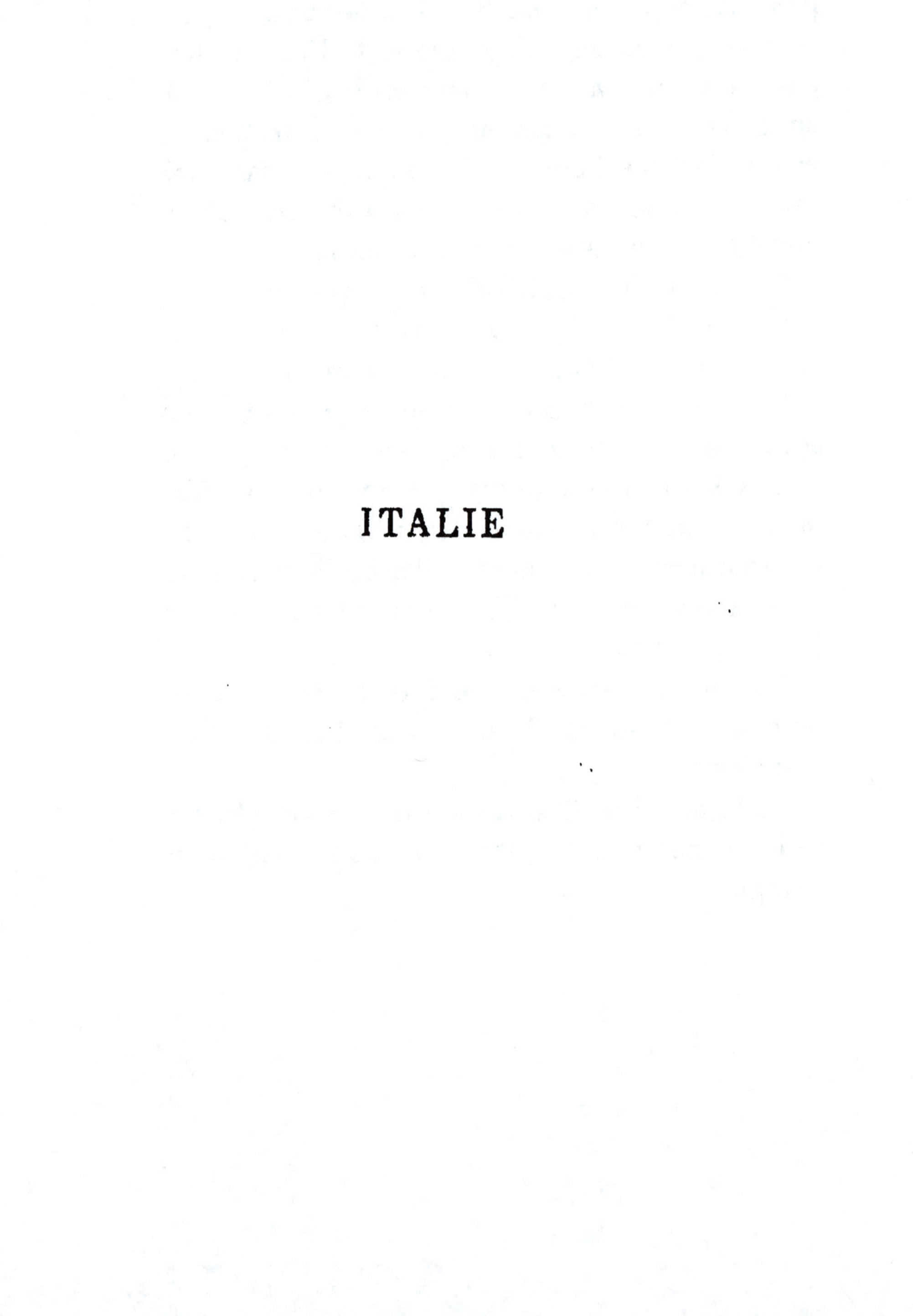

ITALIE

DE NICE A MONACO

Le 30 novembre, de Nice, après déjeuner,
nous allâmes dîner à Monaco qui est à neuf
milles, par une route si uniformément mauvaise
qu'on n'y trouve pas une palme de bon chemin,
tout est en montées escarpées.

A un mille de Nice, on rencontre Villefranche,
qui appartient au duc de Savoie, ville de peu
de maisons, mais qui possède un beau et fameux port où les navires sont en grande sécurité; ils peuvent tous accoster au pied de la
montagne, quelque gros qu'ils soient, à cause
de la grande profondeur de l'eau.

Néanmoins, il y a deux ans, un grand corsaire génois, fortement armé d'artillerie et
monté par trois cents hommes, sombra dans
le dit port avec tout son équipage. On voit
encore apparaître la hune du grand mât
qui émerge de deux cannes au-dessus de
l'eau. Tous disent que jamais un autre navire

ne s'est perdu dans le port. Ce vaisseau fut ou enlevé par une bourrasque ou refoulé par un vent si subit et si fort qu'il heurta la racine de nombreux oliviers très gros, et ne pouvant pas tourner, il coula incontinent. Sa perte fut regardée par tous comme un châtiment du ciel, le patron et l'équipage étant corsaires depuis longtemps et de très mauvaise vie.

A deux autres milles, dans une anse de rochers sur la mer, est bâti un village possédant peu de maisons, appelé Eze ; il est aussi au duc de Savoie. Sur toute cette route de Nice à Monaco, on voit au flanc des montagnes descendant jusqu'à l'eau une quantité de caroubiers et quelques oliviers. Je signale qu'entre Nice et Monaco, à dix milles de cette dernière ville, se terminent les Alpes et peu après commencent les Apennins, qui jusqu'à Gênes longent la mer, puis ensuite, traversent l'Italie.

MONACO

Monaco, ville qui appartient au frère de l'évêque de Grasse[1], est située sur une petite colline en promontoire, arrondie et peu élevée, elle se trouve ainsi presque entièrement dans

1. Luciano Grimaldi, seigneur de Monaco, 1505-1523.

la mer. La ville occupe tout le plateau, ses murailles très fortes, bien comprises et admirablement pourvues d'artillerie, entourent tout le mont. A la porte par où l'on entre — car il n'y en a qu'une, — se trouve un beau château fort, muni d'habitations nombreuses et commodes; on a pratiqué dans la pierre trois ou quatre mines tout exprès pour faire manœuvrer l'artillerie sans craindre de nuire aux habitants. De sorte que, tant pour l'emplacement que pour les fortifications du château et les murs de la ville, que pour l'importance de l'artillerie, le nombre des couleuvrines, des canons et fauconneaux, tous de bronze, le bon ordre et la bonne garde qu'y tient son seigneur, Monaco est réputée très forte.

Il y a déjà plusieurs années, alors qu'elle n'était pas encore aussi fortifiée, elle fut attaquée par les Génois, et bien qu'ils fussent très nombreux, ils furent taillés en pièces et ruinés par le seigneur de la ville.

Dans la garde du château est compris l'armement d'un petit navire très solide, chargé d'aller au-devant de tous les vaisseaux, jaugeant huit cents tonnes au moins, qui passent au large, venant d'Occident, afin de leur faire payer le droit de deux pour cent qui revient au seigneur de Monaco.

Ce seigneur, qui est son maître absolu, ne dépendant d'aucun prince, fit de grandes amitiés au cardinal et à nous tous et nous fit faire très bonne chère.

Jusque-là, nous étions accompagnés par Monseigneur l'évêque de Grasse, que je ne me lasserai jamais de louer, car il est le plus accueillant, le plus généreux et le plus vertueux des prélats.

DE MONACO A SAVONE

De Monaco, après dîner, nous sommes allés le 1er décembre à vingt milles plus loin, à San-Remo, par un chemin très triste et détestable. A trois milles de Monaco on voit sur une montagne le château de Roquebrune qui appartient au seigneur de Monaco ; à deux autres milles, nous traversions Menton, ville qui lui appartient également.

A mi-chemin, entre Monaco et San-Remo, se trouve une ville de Saint-Georges[1] appelée Vintimille, située sur la hauteur ; elle est grande, elle a une belle rue large et droite avec de vastes et jolies maisons ; le reste de la ville qui est en pente n'est pas aussi beau.

1. Société génoise.

A la sortie de Vintimille dans la direction de San-Remo, coule un fleuve sur lequel est jeté un pont de bois qu'il est dangereux de traverser à cheval, aussi avons-nous passé le fleuve à gué. De là, pendant deux milles, on traverse une belle plaine remplie de vignes, d'oliviers et de figuiers ; et au bout de cette plaine on trouve un village appelé Bordighera, qui est aussi à Saint-Georges.

Saint-Georges est le nom d'une société de Gênes, comme ailleurs le Mont de Piété, qui a ses affaires indépendantes et séparées de celles de la commune.

A deux autres milles on traverse un village dépendant de San-Remo, appelé Roja et, un mille avant San-Remo, ville construite partie en montagne et partie en plaine, sur le bord de la mer, on voit les bois les plus beaux, les plus touffus, les plus grands que j'aie jamais vus ; ils sont remplis de fruits, de limons et de cédrats et il s'y trouve une telle quantité de palmiers qu'on en fournit Gênes, la France, Florence et Rome, mais les fruits qu'ils donnent ne sont pas bons. .

Le 2 décembre, de San-Remo, après déjeuner, nous allâmes souper à quinze milles plus loin, à Porto-Maurizio, qui est sur la mer, dans une contrée montagneuse. A huit milles de cette ville, on rencontre Taggia ; un peu plus loin, à moins d'un quart de mille, San-Stefano ; à quatre milles au delà, San-Lorenzo. Ce sont de petites localités sans murs, situées dans la plaine au bord de la mer, et toutes appartiennent, comme Porto-Maurizio, à la ville de Gênes.

Le 3 décembre, après avoir déjeuné à Porto-Maurizio, nous sommes allés souper à Alassio, qui se trouve à quinze milles, par une mauvaise route. A un mille de Porto-Maurizio, on traverse Oneglia, ville construite en plaine sur le littoral, où habite messire Jérôme Doria, capitaine de toute cette côte. A trois autres milles est Diano, dans la montagne, qui a son bourg dans la plaine sur le bord de la mer ; à un autre mille est Cervo, sur le rivage, construite partie en plaine, partie en montagne.

A quatre milles encore est Andora, dans une vallée, et, à deux autres milles, Laigueglia, dans la plaine, sur le bord de la mer. Toutes ces villes, qui sont assez jolies, sont sous l'autorité de Gênes.

Le 4 décembre, d'Alassio, après déjeuner, nous allâmes dîner à Finalmarina, distante de vingt milles. A cinq milles d'Alassio on rencontre une cité nommée Albenga, située dans la plaine, éloignée de la mer d'un demi-mille,

et qui a pour administrateur Monseigneur
Sauli[1]. Elle rapporte sept cents ducats par an.
A deux milles de là on trouve une ville ouverte :
Cériale ; deux milles et demi plus loin, le Bor-
ghetto-San-Spirito. Ces localités sont sur la
mer et dépendent de Gênes. A une distance
de deux milles et demi, Loano, ville peu importante et construite en montagne ; les seigneurs de Flisco la gouvernent. Deux milles et
demi plus loin, Pietra, ville murée, sur la mer,
et, à un mille, Finalborgo, village marin, toujours dépendant de Gênes. A partir de là, on
chevauche à travers dix milles de plaine par
une très mauvaise route, surtout pendant les
trois milles qui précèdent Finalmarina.

Le 5 décembre, de Finalmarina, nous allâmes
déjeuner et souper à Savone qui est à quinze
milles. A un mille de Finalmarina, se trouve
un monastère de moines du mont Oliveto, appelé aussi de la Vierge de Finale, Vierge qui
est en grande dévotion dans ce pays.

Finalmarina n'est pas une très grande ville,
elle est située en plaine sur le littoral, bien que
son château et une partie de ses murs soient
sur la montagne ; pour aller au dit monastère,
on suit une longue rue en terrain plat qui a des

1. Bandinello Sauli fait cardinal par Jules II en 1511,
mort en 1518.

maisons dans presque tout son parcours.

Du monastère, après quatre milles de mauvaise route, on arrive à un endroit appelé Varigotti, qui se compose de peu de maisons sur la montagne ; à deux autres milles est Noli, ville très ancienne sur la mer. Autrefois, dans des temps reculés, elle était riche surtout en navires, et à présent, — d'après ce que l'on croit, à cause d'une malédiction du siège apostolique auquel elle avait été rebelle et contraire, — elle est pauvre, ruinée en grande partie, et sans aucun navire. A deux autres milles est Spotorno et à trois Vado, bourgs sur la mer.

SAVONE

Savone, qui n'est pas une petite ville, est très gaie, ornée de belles rues et de jolies maisons, située en grande partie dans la plaine, au bord de la mer. Elle a un grand port fortifié par un môle, qui est très beau, long, large et très sûr.

La cathédrale est située à l'endroit le plus élevé de la ville, au-dessus de la mer, et bien qu'elle ne soit pas haute, elle est grande, très belle et bien comprise, toute travaillée à l'intérieur et au dehors de rangées de pierres blanches et noires. A l'intérieur on admire le superbe

chœur sculpté, orné d'un entourage de colon-
nettes de cuivre et de belles et riches peintures.
Sous le chœur se trouve une chapelle voûtée,
très belle et aérée, soutenue par des colonnes,
et autour de l'église sont ménagées de petites
galeries ouvertes sur la mer, d'où l'on a la vue
la plus étendue et la plus agréable que l'on
puisse rêver.

Devant cette église qui fut construite par le
pape Jules II, alors qu'il était cardinal, évêque
de Savone[1], se trouve une belle place pavée,
sur laquelle s'élève un joli palais très heureusement aménagé, avec son jardin fort bien compris ; il est orné de peintures et de sculptures
de marbre et fut fait également par le pape
Jules II, au temps de son cardinalat. Au milieu
du palais il y a une cour toute entourée de
galeries, très aérées et belles.

Mon illustrissime maître fut reçu et logé à
Savone par l'archevêque d'Avignon[2] qui le
traita avec opulence et lui fit faire très bonne
chère, selon l'habituelle hospitalité de ce prélat qui est fort aimable et très généreux.

Sur la place, devant les marches du portique
de l'église, un carré d'où partent les dites

1. Giuliano della Rovere étant cardinal, fut de 1499 à 1502,
administrateur de l'évêché de Savone.
2. Orlando de Carette, archevêque d'Avignon, 1513-1527.

marches est tout couvert de mosaïques exécutées avec certains petits cailloux trouvés dans
la mer, qui sont naturellement de diverses couleurs, elles représentent les armoiries de la ville
qui, si je m'en souviens, sont faites de barres
blanches et rouges surmontées au milieu d'un
aigle noir avec les ailes étendues ; au-dessous
sont écrits en caractères antiques, faits aussi
de belles mosaïques, lés vers suivants :

> Hoc Dominæ rerum casus servata per omnes
> Stravit opus, meriti parva Saona memor [1].

Le pape Jules II avait commencé à édifier à
Savone un grand palais pour l'honneur de la
patrie et le sien. Il n'est pas encore terminé,
mais une bonne partie de l'ouvrage est déjà faite :
toutes les voûtes des caves sont achevées, et
aussi quelques appartements du rez-de-chaus-
sée qui sont grands et somptueux.

Cette ville est toute entourée de beaux faubourgs ; et au dehors, dans les environs,
s'élèvent de nombreux palais, fort belles demeures de plaisance pour les citadins [2].

---

1. « A la Dame de toutes choses, pour avoir été sauve à
travers tous les hasards, cette œuvre fut dédiée par la
petite Savone en mémoire de ses bienfaits. »

2. La patrie de Jules II est aujourd'hui bien déchue de
son ancienne splendeur. Seule, sa cathédrale a survécu,
tristement délabrée.

Monseigneur l'archevêque de Salerne[1] vint de Gênes à Savone avec deux galères pour retrouver le cardinal, et ne pouvant pas partir par mer, parce que le temps était mauvais et le danger sérieux, Sa Seigneurie partit par terre pour Gênes avec l'archevêque, au jour fixé, sous une pluie terrible.

DE SAVONE A GÊNES

Le 8 décembre, le cardinal quitta donc Savone, après avoir fait collation avant le jour, car il n'avait pas soupé la veille, et il alla dîner le soir à Gênes qui est à trente milles ; le chemin est exécrable. A deux milles de Savone on rencontre Albissola ; à trois, Celle, villages sur la mer ; à deux autres milles, Varazze, ville murée sur la côte ; à trois autres, Avenzano, et à cinq, Voltri, qui sont deux grands et riches bourgs. De là la route est habitée jusqu'à Gênes ; à cinq milles on passe à Sestri ; à deux autres, à Cornegliano ; deux milles plus loin, on rencontre Saint-Pierre-d'Arena où se fabriquent toutes les caravelles de Gênes. Au moment où nous y passions, deux nouveaux et très gros

1. Frederigo Fregoso (frère du doge de Gênes, Ottaviano Fregoso), évêque de Salerne en 1507, fait cardinal en 1539, mort en 1541.

navires étaient prêts à partir ; l'un, d'après ce
que disent les patrons, jaugeait deux mille
deux cents tonnes, l'autre quatre mille.

Dans toute cette région, on traverse des
montagnes très âpres, avec de petits chemins ou
sentiers si étroits et rapides au bord des préci-
pices qu'y chevaucher est le plus grand péril
du monde et on ne le fait que très rarement.

Les villes, pour la plupart, sont situées dans
la plaine au bord de la mer ; si quelqu'une est
dans la montagne, elle a un faubourg sur le littoral où l'on trouve tant d'agrément, tant d'air,
une telle abondance de fruits et surtout de froment, que cela semble un paradis terrestre.
Malheureusement les chemins sont si affreux
que, dans une journée de quinze milles seulement, les bêtes ont besoin d'être ferrées quatre
et cinq fois.

Toute cette région possède des oliviers, des
vignes et des figuiers en quantité et les autres
fruits des pays chauds et tempérés. Lorsque l'on
plante des vignes au flanc des montagnes, on
construit des murailles en échelle afin que l'eau
ne les ruine pas.

GÈNES

Gènes est construite au bord de la mer, en

forme de courbe, de sorte que le vulgaire veut que son nom *Genua* vienne de *genu*, genou. Elle est belle et très peuplée. Ses rues, très étroites dès l'origine afin que la ville put mieux se défendre contre les Maures et les corsaires qui l'envahissaient fréquemment, le paraissent encore davantage si l'on regarde les maisons qui sont toutes hautes, superbes et très bien comprises. La majeure partie de Gênes est située sur la hauteur ; les murs qui s'étendent sur un grand espace embrassent plusieurs monts et vallées dans lesquels ils vont et viennent de façon très bizarre.

Le château est construit dans la ville sur un mont, auprès de Saint-François, très belle église élevée par le grand-père du doge actuel, Ottaviano Fregoso[1]. Le château peut nuire beaucoup à la ville, car les Français le possèdent ; mais ce qui offre encore plus de danger, c'est la *Tour de lumière*, car toute l'importance de Gênes tient à sa marine, qui est complètement et durement assujettie à la surveillance française. En effet, aucun navire n'a droit d'entrer dans le port sans une licence reçue de cette Tour. La dite *Tour de lumière* est un château construit par

---

1. Les Fregosi, famille de Gênes très célèbre, rivale de la famille des Adorni, avec laquelle elle était sans cesse en lutte.

Louis [1], roi de France, sur un écueil qui s'élevait assez loin dans la mer et qui, se trouvant à l'entrée du port, semblait posté sur la mer comme un faucon.

On l'appelle *Tour de lumière* parce qu'autrefois, il y avait là un phare dont la lanterne allumée la nuit indiquait la route du port aux navigateurs. En bon patriote, avant de se rendre aux Français, le gouverneur, feignant de ne pouvoir réfréner la fureur du peuple, fit détruire complètement ce phare [2].

. Le port est tourné vers l'ouest, il est formé par une jetée très large qui avance loin dans la mer, et qui nécessite tous les ans de gros frais de réparation, car les eaux se brisent contre elle avec une grande violence. Le port contenait à ce moment dix navires.

L'église cathédrale est grande, mais pas assez pour le nombre des fidèles. Elle est située dans le haut de la ville et à une bonne distance de la côte. Dans la sacristie, le 11 décembre, on montra à mon illustrissime maître et à nous tous le *Sacro Catino*, vase dans lequel mangea le Christ avec ses disciples. Le doge, l'archevêque de Salerne, son frère et beaucoup d'autres gen-

1. Louis XII.
2. Le château de Gênes et l'église Saint-François n'existent plus. Le château de Lumière a été remplacé à son tour par un phare fameux.

tilshommes étaient présents. Une fois entrés, on nous lut deux bans, d'après lesquels inter- diction était faite, sous peine de mort, et de demeurer armé et de rien jeter contre la fenêtre, de peur que le vase ne fût endommagé. Ce vase, taillé dans une émeraude très transparente, compte six faces unies, de plus d'un tiers de palme chacune, avec deux petites anses rondes et un pied admirablement travaillé. L'intérieur est tout lisse sans facettes. Il nous fut montré sur une sorte d'armoire, derrière laquelle sont deux fenêtres permettant de mieux l'admirer. On le conserve dans cette armoire qui est fermée par douze clefs. D'après le récit que nous firent les Génois, on ne le tenait autrefois enfermé que sous deux clefs que gardaient des citadins. Mais un jour, la dogaresse de Venise demanda secrètement à l'un d'eux, en lui pro- mettant plusieurs milliers de ducats, de lui remettre le vase précieux. Elle avait si bien combiné l'affaire qu'elle en avait fait reproduire un, à Venise, exactement pareil, pour le subs- tituer au vrai. Le citadin, qui était vertueux et homme de bien, avertit la commune afin qu'à l'avenir on évitât pareil danger. C'est pourquoi l'on ferme sous douze clefs le *Sacro-Catino*. Sa Seigneurie monta sur l'armoire, mania le vase et reconnut qu'il était fait d'une émeraude admirable à laquelle on ne pouvait donner aucun prix. C'était aussi l'opinion du cardinal d'Este : venu cinq ou six années auparavant, il avait soulevé jusqu'au haut de l'armoire, où nul autre que de grands personnages ne pouvait monter, un de ses excellents joailliers qui porta le même jugement.

On nous a dit qu'avec le *Sacro-Catino*, on avait reçu d'Orient les cendres de saint Jean-Baptiste ; on les conserve avec la vénération qui leur est due [1].

Le palais de la commune où logea le cardinal avec le doge et l'archevêque de Salerne, est voisin de l'archevêché ; c'est un monument ancien, avec de nombreux logements. Devant s'étend une grande place toute entourée de portiques ou galeries et de demeures au-dessus desquelles habitent les soldats de garde. Quatre rues aboutissent à cette place, elles sont fermées par de doubles barrières. Autrefois, il n'y en avait qu'une, on en ajouta une seconde, voici dans quelles circonstances.

Il y a une dizaine d'années, le seigneur Jérôme Adorno, ennemi des Fregosi, se trouvait dehors une nuit, en compagnie de nombreux

---

1. Une magnifique chapelle allait bientôt s'ouvrir dans la cathédrale de Gênes, pour servir de châsse à cette précieuse relique.

soldats parmi lesquels plusieurs gentilshommes napolitains. Connaissant fort bien les lieux, ce seigneur entra dans Gênes et assaillit les barrières avec tant d'impétuosité que, si le doge ne s'était levé et n'était accouru en chemise, avec un bouclier et une épée à la main pour repousser les ennemis, le palais était perdu. Grâce à son intervention, l'assaillant et ses complices furent fort mal arrangés.

Les dites barrières sont formées de grosses poutres au milieu desquelles est pratiquée une porte qui se ferme avec des clefs. Elles sont gardées ordinairement jour et nuit par les soldats, et afin que ni cavaliers ni piétons ne puissent assaillir le palais où réside toujours le gouverneur et qui sert de château, on a, comme je l'ai dit, installé de secondes barrières à environ dix pas des premières, qui se trouvent à l'embouchure des rues sur la place.

Nous restâmes quatre jours entiers à Gênes, y recevant toutes sortes d'amitiés et d'honneurs ; l'archevêque prenait tous ses repas avec le doge, lequel, à cause de l'avent, jeûnait chaque jour. Ce haut personnage n'est pas seulement remarquable par sa valeur militaire ; il est en outre rempli de magnanimité : il le montra vis-à-vis de son ennemi Jérôme Adorno. Dans la nuit dont j'ai parlé plus haut, celui-ci fut fait prisonnier et gravement blessé ; or le doge, bien qu'il ait eu lui-même la main gauche estropiée par un coup de fusil, lui fit donner les meilleurs soins et le visita régulièrement comme un vrai frère. Lorsque Jérôme Adorno fut guéri, non seulement le doge lui laissa la vie, mais il lui remit un millier de ducats avec d'autres présents et le fit accompagner jusqu'en lieu sûr. Ce doge est aussi l'homme le plus vertueux, le plus juste, le plus libéral, le plus noble, le plus intelligent que l'on puisse voir ; il est vraiment digne de l'admiration de tous.

A Gênes, nous avons mangé une espèce de poire qui pousse dans cette région ; elle se nomme bergamote, elle n'est pas très grosse, d'aspect elle est ridée avec une vilaine peau, mais à l'intérieur elle est tendre et vraiment délicieuse pour une poire d'hiver.

On fabrique à Gênes une grande quantité de velours extrêmement fins ; les noirs se vendent huit et dix ducats d'or la canne. On exerce encore beaucoup d'autres métiers ; on travaille surtout le corail de façon très fine et très ingénieuse, de même la coralline qui n'est pas aussi fragile que le corail, bien qu'elle soit de la même espèce ; on les recueille sur les côtes de Sardaigne.

Il est d'usage dans cette ville que les
membres d'une même famille, afin de rester les
uns auprès des autres, aient leurs habitations
contiguës dans un même quartier, chacun prend
la place qui lui convient et ils se divertissent
constamment entre eux. Je ne veux pas dire
que toutes les familles de Gênes aient cette habitude, ce sont seulement les grandes et riches
familles comme les Spinola, les Doria, les Lu-
mellini, les Sauli, les Grimaldi et autres semblables; les places où elles habitent portent leur
nom, il y a ainsi la place Spinola, la place Doria,
etc.

Les femmes sont généralement grandes,
agréables, avec de très belles dents et des cheveux vraiment d'or, que les unes portent dé-
tachés et les autres enroulés d'une assez jolie
façon, sans voile sur la tête ni rien qui la recouvre ; elles mettent seulement dans leurs
cheveux des cordelières ou d'autres ornements
d'or, comme c'est la mode. Quand leurs cheveux ne sont pas naturellement de cette couleur d'or, elles les teignent, mettant à ce travail
toute leur application. Sur les épaules, elles
portent une étole de couleur noire, de la largeur
du taffetas, qui descend jusqu'à terre, et celles
qui portent le deuil l'ont en toile blanche.

Indubitablement, c'est à Gênes — je ne parle

pas de l'ensemble du pays où elles sont très
laides — que l'on voit les plus belles, les mieux
faites et les glus gracieuses femmes de l'Italie,
bien que Savone aussi en possède de fort agréables. Elles ont déjà commencé à abandonner
leur costume pour se vêtir comme les Espa-
gnoles ; et on leur voit volontiers des façons
séduisantes et provocantes.

On a coutume de faire la veillée presque
chaque soir dans la maison des plus nobles
femmes, où s'assemblent beaucoup de jeunes
gens et de jeunes filles ; et là on reste à s'amuser jusqu'à cinq et six heures du matin. Généralement, les dames, même en hiver lorsqu'il
ne pleut pas, se promènent dans les rues à
quatre, à cinq, à six heures, suivant l'occasion, causant avec les jeunes gens de la ville
et ne se mélant pas volontiers aux étrangers.

DE GÊNES A MILAN

Nous sommes partis de Gênes le 14 décembre
après déjeuner, pour aller souper à Voltaggio,
éloignée de vingt milles ; nous avons repassé
à Saint-Pierre d'Arena pour nous reposer en
chemin. Par la route, en nous éloignant de la
mer, nous avons trouvé jusqu'à Milan plus de
cinq palmes de neige et des froids si excessifs

que les semelles de nos bottes étaient gelées
contre les étriers, de sorte que nous ne pou-
vions pas en retirer nos pieds. Nous avons
rencontré quatre ou cinq villages parmi lesquels deux sont aux Spinola. Jusqu'au château
de Voltaggio, qui n'est pas remarquable, le doge
avait envoyé quelques-uns des siens qui nous
y firent bonne réception.

Le 15 décembre, de Voltaggio, nous sommes
allés souper à Alexandrie, qui est à vingt-
quatre milles ; à quinze milles de Voltaggio,
on rencontre une ville appelée Gavi, qui est la
dernière du territoire de Gênes : elle est située
en plaine, n'est pas très petite ; son château
s'élève sur le mont voisin, à deux portées de
main, et elle est assez bien gardée. Sur la route,
jusqu'à Gavi, on traverse de nombreux villages
qui appartiennent aux Spinola ; ensuite, jusqu'à
Alexandrie, les villages appartiennent aux Visconti. Toutes ces localités, encore que quelques-
unes soient murées, ont leurs habitations généralement faites en terre.

Alexandrie est une grande ville construite
dans la plaine, mais très dépeuplée en partie,
car elle fut saccagée plusieurs fois depuis peu
de temps. A un demi-mille de la porte par
laquelle on entre en venant de Gênes, coule
un fleuve appelé Bormida qui, à ce moment-

là, se traversait difficilement à gué ; à la
porte dont je parle se trouvent une citadelle très
fortifiée et des fossés pleins d'eau.

Le 16 décembre, d'Alexandrie, après déjeuner, nous sommes allés dîner à Casal, qui est
éloignée de douze milles ; la porte franchie,
on passe sur un beau pont de pierre jeté sur
le Tanaro ; au delà du pont se trouve un faubourg grand et élégant avec une large rue
garnie de beaux et somptueux palais. A
cinq milles d'Alexandrie, on voit une localité
qui s'appelle Castelletto, et à deux portées
d'arbalète de là, une jolie ville, San-Salvatore,
qui possède un grand faubourg, bien que les
maisons en soient pour la plupart faites de
terre. San-Salvatore, comme quelques autres
villages, appartient au marquis de Montferrat[1].

Casal est construite en plaine, elle est très
fortifiée, tant par sa position que par l'importance de ses murailles. Elle est bien montée
en artillerie, ornée de belles places et de beaux
palais ; parmi ces derniers, celui de Gambèra,
qui fut camérier du pape Innocent VIII, est
aussi bien entendu que magnifique. Cette
ville est toute pavée. Bien que nous n'ayons

---

1. Guglielmo VII, marquis de Montferrat, mort en 1518. La
famille de Montferrat remontait à Aldérame, créé marquis
par Othon le Grand en 967.

guère pu en jouir, car elle était couverte de neige, nous avons constaté cependant, d'après la largeur de ses rues et son site, qu'elle était belle et agréable.

Mon illustrissime maître logea chez le marquis de Montferrat, au château, qui est beau, bien ordonné et fortifié.

Nous avons passé à Casal deux jours charmants, recevant le meilleur accueil du marquis, très noble et fort aimable homme d'environ trente-six ans, et de la marquise, son épouse, belle et gracieuse française, sœur de Monseigneur de Lauzun. Mais nous n'avons pu jouir beaucoup du marquis à cause du mal dont ses jambes sont atteintes. Vraiment le dit seigneur, sans parler de Messire Andrea Cossa qui est absent, a une belle famille et une cour de nombreux gentilshommes de fort bonne mine, hommes courageux et qui feraient honneur aux plus grands princes.

La maison est très richement montée, on y vit avec beaucoup d'opulence. La fortune de la marquise — d'après ce qu'on dit — rapporte ordinairement soixante mille ducats par an. Nous avons vu leur fille, épouse du prince Frédéric de Gonzague qui est fils du marquis de Mantoue; elle est âgée de neuf ans environ et assez jolie

Il y a au château une très belle écurie avec
de nombreuses stalles contenant cinquante-
cinq chevaux ; deux autres écuries en ont
trente-cinq. La majeure partie sont des coursiers et des poulains âgés de quatre ou cinq
ans, des haquenées, des courtauds, des frisons,
des genets, des arabes.

Le 19 décembre, de Casal, nous allâmes
souper à Vigevano, qui est à vingt milles. A
quatre milles de Casal, on traverse le Pò en
chaloupe. Ce fleuve approche de la ville à une
portée d'arbalète. A un autre mille plus loin,
on le repasse une seconde fois, également en
chaloupe ; il était gelé en certains endroits par
le froid excessif.

A sept milles de Vigevano, nous trouvâmes
une ville appelée Martaro, qui est au duc de
Milan ; sur la route on traverse quelques villages, propriétés de gentilshommes, parmi lesquels l'un est aux Gallarati.

Le 20 décembre, de Vigevano qui appartient
à Monseigneur Jean-Jacques Trivulzio[1], marquis de Vigevano, et lui rapporte vingt mille
ducats par an, nous sommes allés dîner à Milan
qui est à vingt milles. A sept milles de Vigevano se trouve Abbiategrasso, très bonne ville

---

1. Gian Jacopo Trivulzio, né en 1448, mort en 1518.

qui est du duché de Milan. A deux milles de Vigevano, on traverse en barque le Tessin. A Abbiategrasso passe un canal très large, creusé
artificiellement, qui va droit jusqu'à Milan ; l'on
voit sur les deux rives beaucoup d'habitations : il
part du Tessin, à vingt milles d'Abbiategrasso.
Un autre très gros canal, sortant du lac de Côme,
aboutit aussi à Milan. Cette grande ville tire de
ces deux canaux beaucoup de commodités.

MILAN

Mon intention n'est pas de faire des descriptions détaillées de toutes les villes ou terres
d'Italie. Si j'ai parlé longuement de Gênes,
c'est parce qu'on connaît moins cette ville, qui
est très spéciale par ses coutumes et ses mœurs.
Je dirai de Milan que, l'ayant bien regardée du
haut du clocher du Dôme, j'ai constaté que sa
circonférence n'était pas inférieure à celle de
Paris. La ville possède une grande cathédrale
et un immense château qui est peut-être le plus
grand non seulement de l'Italie, ce qui est certain, mais de la chrétienté. C'est vraisemblablement la plus grosse forteresse située en
plaine que l'on puisse imaginer, avec ses fossés
pleins d'eau, ses murailles énormes, admirablement comprises, beaucoup de mines et de

contremines. Près du château, il y a la Rocchetta qui est remarquablement pourvue d'artillerie et de munitions, nous avons eu l'occasion
de le constater, le cardinal ayant été un jour
invité à y déjeuner par le châtelain[1]. Dans tout
le reste de l'Italie, à mon avis, on né parvien-
drait pas à faire en cent ans un pareil édifice.
Plus on l'examine, plus on sent monter en soi
la colère et la fureur contre celui qui en sor-
tit et le livra aux Français.

A Milan, nous avons logé au monastère de
Saint-Antoine, nous y avons été reçus avec beaucoup d'honneurs, Sa Seigneurie et nous tous,
par l'abbé du dit monastère qui est le frère du
cardinal Trivulzio[2]. C'est un très noble personnage. Nous y sommes restés dix jours et non
seulement mon illustrissime et révérendis
sime seigneur reçut la visite du grand écuyer,
de l'archevêque de Bienne et de tous les seigneurs et gentilshommes qui se trouvaient
alors à Milan, mais il y eut en son honneur des
banquets et des fêtes. Le vicomte de Lautrec,
gouverneur français de Milan, et les pension-

---

1. Le château et la Rocchetta de Milan ont été rebâtis, de
nos jours, à peu près sous la même forme qu'au temps de
Beatis.

2. Il y eut deux cardinaux Trivulzio, tous deux créés par
Léon X en 1517 — le premier, Scaramuccia Trivulzio, neveu
de Gian-Jaccopo, mort en 1527 — et Agostino Trivulzio,
mort en 1548.

naires du Roi très chrétien en Italie, donnèrent
au cardinal de grandes marques d'affection et
de déférence, lui firent de continuelles visites
et lui témoignèrent une extrême bienveillance.

L'avant-veille du départ de Sa Seigneurie,
on fit un carrousel au château, il y vint beaucoup de voitures de dames. Le tournoi fut plus
joli qu'intéressant ; en effet, quoique les jouteurs
eussent des épées aiguisées, non seulement il
n'y eut ni désastre ni blessure aucune[1], ni coups
remarquables, mais la plus grande partie des
chevaliers, étant novices en cet exercice, ne se
rencontraient même pas. Les voitures, garnies de courageuses et élégantes femmes nobles,
étaient superbes, couvertes d'or, de soies de
diverses couleurs et de brocarts, traînées par
de très beaux chevaux magnifiquement parés.
Le soir, le gouverneur donna dans son palais
un banquet somptueux où étaient conviées quarante dames nobles ; elles étaient, sinon toutes
belles, au moins toutes richement vêtues et gracieuses.

A Milan, au monastère Sainte-Marie-des-
Grâces, édifié par Ludovic Sforza, monastère
très beau et bien compris, nous vîmes dans le

---

1. Comment ne pas noter au passage la touchante naïveté
de ce regret ? D'après les idées de son temps, notre pieux
chanoine se refuse à qualifier d' « intéressant » un tournoi où il n'y a eu « ni désastre ni blessure ».

réfectoire des Frères de l'ordre de Saint-Dominique, une *Cène* peinte à fresque par Léonard de Vinci, à qui nous avions rendu visite à Amboise. Elle est d'un art excellent, mais malheureusement elle commence à se gâter, je ne sais si c'est à cause de l'humidité du mur ou pour une autre raison [1]. Parmi les personnages de cette *Cène*, il y a plusieurs portraits de seigneurs de la cour et de Milan, nos contemporains ; ils sont de grandeur naturelle.

Dans la sacristie de ce monastère, on voit de très riches ornements de brocart que fit faire aussi Ludovic Sforza.

LA CHARTREUSE DE PAVIE

Le 30 décembre, après déjeuner, nous allâmes à la Chartreuse de Pavie qui est éloignée de treize milles ; quoique moins vaste que la

---

1. TAINE écrit de la *Cène* en 1864 : « Cinquante ans après son achèvement, elle tombait en ruine. Au siècle dernier, on l'a repeinte en entier, sauf le ciel, puis grattée et encore repeinte, et, comme elle s'écaillait encore, on l'a restaurée il y a dix ans. Qu'y a-t-il maintenant de Léonard dans cette peinture ? Peut-être moins que le carton d'un maître, mis en tableau par des élèves médiocres. » (TAINE, *Voyage en Italie*, II.) Maurice Barrès, en 1894, sera moins sévère : « ... Cette admirable fresque de la *Cène*, dont la beauté semble plaire à Dieu même, puisqu'elle n'est pas abolie en dépit des militaires qui l'écaillèrent et des peintres qui la retouchèrent. » (BARRÈS, *Du sang, de la volupté, et de la mort.*)

Grande-Chartreuse du Dauphiné, elle est bien
plus belle, et ses cloîtres et cellules — ceux
des moines comme ceux des séculiers — sont
beaucoup mieux compris. De plus, celle-ci possède l'église la plus étincelante, la plus jolie et
la plus belle que nous ayons vue dans tout le
voyage [1], le corps du bâtiment étant aussi parfait que les détails. On y voit de nombreux
ornements de marbre et d'excellentes peintures,
un très beau pavage, plusieurs œuvres d'ivoire,
entre autres l'entablement du maître-autel et
deux vases très grands avec une infinité de
figures sculptées, dans lesquels sont déposées
des reliques. Les chapelles sont très nombreuses, il y en a de chaque côté, tout le long
de l'église. Elles sont fermées complètement
sur la nef, toutes avec les mêmes grosses
grilles de cuivre ; des portes conduisent de
l'une dans l'autre. Leurs autels, entablements,
ornements, sont d'un travail admirable, comme
nous n'en avons vu nulle part. Les portes donnant accès aux deux premières chapelles correspondent aux bras de la croix, près du chœur.
La façade de l'église n'est pas encore finie, elle est

---

1. C'est également l'avis de notre Comynes : « La belle
église des Chartreux, qui est à la vérité la plus belle que
j'aye jamais vue et toute de beau marbre. » Jean d'Auton,
à la même époque, dit : « Mieux sembloit un Éden paradi-
siaque qu'un domaine terrestre. »

toute de marbre noir et blanc avec beaucoup de sujets en relief, des ronds et des carrés de porphyre et des serpentins très bien travaillés, de sorte que l'aspect en est somptueux.

Devant l'église s'étend une grande cour à l'entrée de laquelle on voit de belles habitations et un portique très élevé où se trouve la porte d'entrée ; elle est très ornée et superbe[1].

Ce monastère fut fondé et doté de sept mille ducats, partie pour la nourriture des moines et partie pour l'acquisition des choses nécessaires à l'église et pour les aumônes aux pauvres, par le très excellent seigneur Galleas Visconti, duc de Milan. Son corps est enterré dans l'église, à main droite avant l'entrée du chœur, dans un très beau tombeau de marbre sur lequel il est sculpté au naturel avec sa barbe très peu fournie, faite de poils longs et crépus, du genre le plus bizarre que la nature ait jamais pu produire. Le duc ne semble pas, d'après cette statue, avoir dépassé trente ans.

Le monastère, étant donné que les biens dont il hérita augmentèrent le chiffre des ducats de

1. Cette façade, qui n'allait point tarder à être achevée existe encore aujourd'hui dans toute sa splendeur ; et pareillement l'intérieur de l'église, malgré l'absence de quelques belles peintures, — et en particulier de l'un des chefs-d'œuvre du Pérugin, — peut encore nous donner une idée de l'impression qu'il a produite sur nos voyageurs.

sa dot, a présentement un revenu de plus de seize mille ducats et compte beaucoup de moines.

DE LA CHARTREUSE A MANTOUE

Le 31 décembre, de la Chartreuse où nous fûmes fort commodément logés et où nous reçûmes mille marques d'amitié, nous allâmes déjeuner à Pavie, éloignée de cinq milles. A peine a-t-on quitté la Chartreuse, on traverse le grand parc, puis un parc plus petit, par où l'on chevauche jusqu'à Pavie ; et bien que ces parcs soient fort abimés, il est facile de voir qu'ils ont été jadis très beaux [1].

Pavie est une grande ville située dans la plaine, comme la majeure partie de celles de Lombardie. Elle a un beau château qui n'est pas fortifié, mais qui possède de commodes et somptueux appartements. Devant la cathédrale, qui est très petite, basse et obscure, s'étend une place où l'on voit sur un socle de marbre bien travaillé la statue en métal d'un personnage à cheval, qui est pareille à celle de Saint-Jean-de-Latran à Rome, très ancienne et belle, mais petite. On dit qu'autrefois cette statue était à

1. Ces parcs ont été remplacés par des champs labourés.

Ravenne et qu'elle fut transportée à Pavie par les Goths[1].

Devant une porte de la ville coule le Tessin sur lequel est construit un grand pont de pierre couvert d'un toit.

Au couvent de Saint-Augustin, dans une grande chapelle ou sacristie, on voit un très grand tombeau ou sépulcre de marbre, éloigné du mur d'environ quatre palmes, son épaisseur est de trois pieds. Il est sculpté très délicatement d'une infinité de personnages. Le marbre en est si poli et si lustré qu'on le prendrait pour de l'albâtre. Aucun maître moderne ne pourrait faire une œuvre semblable ; ce monument est considéré par les connaisseurs comme une des plus belles choses d'Italie. Sur le vase funéraire placé dans une ogive qui va d'un côté à l'autre du monument, on a représenté le glorieux saint, sculpté ; quelques-uns disent que son corps est dans cette urne, d'autres dans l'autel de la chapelle souterraine qui est sous le chœur de l'église principale, desservie également par les Frères de l'ordre[2].

Le 1er janvier, de Pavie, nous sommes allés souper à Ospedaletto, distante de vingt milles.

1. Cette statue antique a péri, et la cathédrale de Pavie a été cruellement restaurée.

2. La châsse de saint Augustin est, aujourd'hui encore, l'une des principales curiosités de Pavie.

A trois milles de cette ville, on traverse un port sur un fleuve appelé Lambro.

Nous avons couché à Ospedaletto, dans un monastère de l'ordre de Saint-Jérôme, auquel appartient la ville ; nous y étions fort bien installés. Dans ce monastère, qui est très beau, les religieux sont nombreux. Parmi les logements, il y a un petit palais carré dans lequel sont ménagées quatre chambres, une à chaque coin, avec son cabinet, desservies par un vestibule en croix avec trois fenêtres grillées, une porte et une coupole au milieu. Ce vestibule a un double plancher ; au-dessous sont des caves voûtées avec quatre gros piliers sur lesquels reposent les poutres des planchers. Sa Seigneurie fit relever le plan exact de ce petit palais.

Le 2 janvier, d'Ospedaletto, nous sommes allés souper à Crémone, qui est à vingt milles. A mi-route, on rencontre Pizzighettone, ville de Monseigneur Théodore Trivulzio. Nous passâmes l'Adda en barque et fîmes dans la barque une collation que nous avait préparée Messire Jacques Cipella, courtisan romain, habitant cette ville, laquelle est très forte à cause du fleuve qui l'entoure.

Le 3 janvier, de Crémone, où nous étions arrivés tard, la veille, nous repartîmes de bon matin ; aussi n'en puis-je rien dire sinon que, la traversant à cheval, elle m'a paru très belle et que j'y ai discerné une tour très haute[1].

Avec l'évêque de Nice[2], qui accompagnait mon illustrissime maître depuis Milan jusqu'à Mantoue, nous sommes allés déjeuner à Pieve-di-San-Giacomo, qui est à huit milles de là, et souper à Bozzolo, qui se trouve à seize autres milles.

Bozzolo est une ville ouverte, bien qu'elle possède de beaux palais et principalement le château où réside le comte Frédéric de Gonzague[3], fort bien installé avec la comtesse Jeanne Orsini, son épouse, nièce de mon illustrissime maître. Nous y demeurâmes un jour entier. La princesse Camille, sœur du comte Frédéric, y vint de Gazzuolo : elle est aussi gentille princesse, aussi agréable d'aspect, belle, vertueuse et musicienne qu'aucune autre princesse de Lombardie et je pourrais même dire, sans exagération, qu'elle est tout cela plus que les autres.

Le 5 janvier, de Bozzolo, Sa Seigneurie, après déjeuner, partit avec le comte Frédéric, sa femme et sa sœur, pour aller dîner à Gaz-

1. Le *campanile*, ou clocher de la vénérable cathédrale de Crémone.
2. Jérôme Aragi, évêque de Nice, 1511-1542.
3. Fils du prince Pierre Ier de Bozzolo, mourut en 1570.

zuolo, éloignée de sept milles, où se trouvait la princesse Antonia Del Balzo, sœur de la reine Isabelle et mère du comte Louis, du comte Frédéric et du comte Pierre de Gonzague et aussi de la marquise de Botonto [1] et de la comtesse de Gulisano [2]. Bien que le comte Louis fut dans un plus grand château qu'il avait récemment acheté, sa femme et ses filles étaient à Gazzuolo. Elles sont très belles, et l'aînée, qui est une excellente et gracieuse personne, est déjà mariée. Là nous avons assisté, la nuit, à un long et beau bal, comblés de mille amabilités.

Le 6 janvier, de Gazzuolo, après déjeuner, nous sommes allés dîner à Mantoue qui est à douze milles. A une portée de main de Gazzuolo, ville moins habitée que Bozzolo, on passe en barque l'Oglio, fleuve qui coule devant le château.

MANTOUE

Mantoue est naturellement chère à tous ceux qui aiment la poésie, puisqu'elle a donné le jour au grand poète Virgile, mais, même sans cela, on ne peut voir cette ville sans l'admirer

1. Dorothée de Gonzague.
2. Suzanne de Gonzague.

et l'exalter jusqu'au ciel. Moi surtout, je l'aime et je la vénère. Les forces limitées de mon esprit ne suffisent pas à exprimer toutes les louanges qu'elle mériterait : je me bornerai à dire qu'elle me plaît et me transporte plus qu'aucune ville de Lombardie. On y voit tant de braves et valeureux capitaines de la maison de Gonzague [1], tant de charmantes, belles et vertueuses femmes et principalement l'illustre marquise [2] dont je baise respectueusement les mains, mais sur laquelle je garde le silence, car parler d'elle est chose au-dessus de la langue humaine ! On y trouve enfin réunies toute la noblesse et la vertu de l'Italie. Je dirai brièvement, pour conclure, que dans cette ville, toute entourée de lacs et bâtie sur l'eau, on ne voit (vrai miracle de la nature) que feux, flammes, incendies pleins de douceur et suaves ardeurs.

Nous logeâmes au château de la marquise et nous y demeurâmes vingt jours, comblés des

1. Les Gonzague, famille princière d'Italie qui remonte au onzième siècle. Elle régna sur Mantoue de 1328 à 1708. Elle se partagea en plusieurs branches : 1° La branche aînée, celle des marquis, puis ducs de Mantoue, qui s'éteignit en 1627 ; 2° la branche collatérale des ducs de Nevers qui la remplaça ; 3° la branche des Guastalla issue en 1557 de la branche aînée et éteinte en 1746 ; 4° la branche des ducs de Sabionetta et de Castiglione ; 5° la branche des comtes de Novellara.

2. Isabelle d'Este, marquise de Mantoue, née en 1474, morte en 1539.

habituelles amitiés, de bals, de fêtes, de plaisirs continuels. Là encore eut lieu un carrousel. Le comte Frédéric de Gonzague, fils aîné
de l'excellent marquis[1], et quelques autres seigneurs et gentilshommes y prirent part. Bien
qu'ils fussent jeunes, ils s'en tirèrent fort bien
et valeureusement.

RENTRÉE A FERRARE

Le 26 janvier, de Mantoue, Sa Seigneurie
partit par eau avec la plus grande partie d'entre
nous — ceux des autres qui le préféraient
étaient partis la veille par terre. — A une heure
de la nuit, nous nous trouvions dans la célèbre
ville de Ferrare, après avoir navigué cinquante
milles dans la journée. Je n'en donnerai pas de
description spéciale ; par elle-même et par la
valeur et la grandeur du très excellent duc son
seigneur, et du cardinal d'Este, son frère, c'est
une cité connue et fameuse. Je n'en dirai rien
d'autre afin de ne pas entamer de discours sur
les malheurs et la misère de l'infortunée princesse Isabelle[2] et de ses très illustres fils et
filles qui sont liés à cette cité.

1. Jean-François II de Gonzague, marquis de Mantoue,
mort en 1519, gouverna Mantoue depuis 1484.
2. Isabelle d'Aragon, veuve de Frédéric III de Naples.

C'est à Ferrare que j'avais commencé le présent itinéraire, c'est à Ferrare que je le termine. Mon illustrissime et révérendissime seigneur, après un repos de vingt jours nécessité par la goutte, partit pour Rome, où, par la grâce de Dieu Notre-Seigneur, il arriva le 16 mars 1518, avec tous les survivants de sa suite, sains et saufs.

APPENDICE

L'escorte de mon illustrissime et révérendissime seigneur comprenait ses dix gentilshommes ayant chacun leur valet; puis l'évêque
d'Anglona, son médecin et le Frère Annibale
Monsorio, abbé de Banza, majordome de Sa
Seigneurie; deux fourriers, deux cuisiniers,
un économe, un interprète, deux palefreniers
et trois garçons d'écurie, tout ce monde à cheval. On conduisait à la main trois chevaux de
race pour l'usage du cardinal et deux mulets
dont l'un portait les provisions et de l'argent
séparé en deux charges, l'autre une litière ingénieusement partagée en deux petits fardeaux.

Tout compté, nous étions jusqu'à la fin de
notre voyage en France trente-cinq personnes
à cheval. Puis avec les musiciens et les serviteurs qui accompagnèrent Son illustrissime

20

Seigneurie en Italie, le nombre fut porté à quarante-cinq.

Le cardinal était toujours habillé avec simplicité et ne mit son costume d'apparat qu'aux deux cours du Roi catholique et du Roi très chrétien. Pendant la route, Sa Seigneurie, comme nous tous, était vêtue de serge rose avec des bandes de velours noir ; les serviteurs avaient des habits de la même couleur et de la même forme, mais sans bandes de velours.

Pendant ce voyage, depuis notre départ de Ferrare jusqu'à notre retour dans cette ville, nous avons parcouru 476 milles italiens et 201 milles allemands, y compris ceux qui furent faits par eau. Chaque mille allemand valant cinq milles italiens, cela fait 1.005 milles italiens. Puis 565 lieues de France qui, à raison de trois milles italiens chacune, donnent un total de 1.695 milles, ce qui fait donc un voyage de 3.176 milles auxquels il faut ajouter l'aller et retour de Ferrare à Rome, c'est-à-dire 400 milles.

La présente copie a été achevée à Melfi par moi, Don Antonio de Beatis, le 29 du mois de mai de l'an du Seigneur 1521.

INDEX ALPHABÉTIQUE

INDEX ALPHABÉTIQUE

(Les noms de lieux sont en italiques.)

TABLE DES GRAVURES

TABLE DES MATIÈRES

3406. — Tours, imprimerie E. ARRAULT et Cⁱᵉ.